大学赤本シリーズ

# 早稲田大学

## 人間科学部・スポーツ科学部

## 別冊問題編

2025

矢印の方向に引くと
本体から取り外せます

# 目　次

## 問題編

## 2021年度



※一般選抜の改革に伴って2025年度より実施の「総合問題」について大学から公表されたサンプル問題を掲載しています。

サンプル
問題

# 問題編

大学より，「この問題は，2025 年度一般選抜の個別試験（総合問題）をイメージするために作成したサンプルであり，実際に出題される問題とは異なります。なお，本サンプル問題では出題の意図・ねらいを掲載していますが，実際に出題される問題には掲載しません。」と発表されている。



# 総合問題

（120 分）

**総合問題（サンプル問題）の出題意図・ねらい**

スポーツ科学部の一般選抜（総合問題）では，これまでの学習やスポーツ経験に基づく能力・素養を総合的に評価する。

大問１は，社会生活基本調査の結果をもとに，データを読み取り，類推する総合的な思考力を評価する。問題１は，健康にとって重要な生活習慣の時間配分を考える力を問う問題であり，健康への問題意識を確認する意味もある。問題２は，国民のスポーツにかける時間という，スポーツ科学部にとって基本的な知識とスポーツという行為への関心を評価する。問題３は，国民の健康に関わる幅広い生活習慣についての思考力と判断力を問う。問題４では，データを読み取り，基礎知識と社会背景への関心をもとに，論理的に考える総合的な思考力を評価する。

大問２は，運動・スポーツ，体力や生活状況，健康等と関連する調査の結果から，複数の図表を正確に読み取り，図表から情報を正しく読み取る力及び図表の情報を組み合わせて用いる力を問う。問題１は，図に表されていることを正しく読み取ることができるかを評価する。問題２は，図に示された数値を言語化して思考する力を評価する。問題３は，これまでに報告されているスポーツと関連するさまざまな調査・測定結果にアクセスしてスポーツ科学に関する学びを深めているかの姿勢を問う。問題４は情報を総合的かつ論理的に思考する力を評価する。

スポーツ科学は，異種の学問が並列する総合科学ではなく，異種の基礎科学を融合させて新たな実践科学的側面を創出する「学際的総合科学」という特性を持つが，一方でスポーツを対象とした実験的アプローチこそがスポーツ科学であるとのイメージもいまだ払拭されているとはいえない。大問3は，スポーツ科学を志す受験生に対し，自身の常識ないし認識を踏まえつつ，スポーツ科学の持つ学際性を理解し，スポーツを取り巻く様々な事象を多面的に捉える論述を通じて，思考力，判断力，表現力を問う。

## 1

表は、日本における 15 歳以上の人の、生活時間の配分や余暇時間における主な活動の状況の推移を示している。表の一部は、以下の問題に関係するために数値を示していない。この表をもとに、下記の問題 1〜4 に答えなさい。

| 行動の種類 | 平日，土曜日を平均した，一日当たりの総時間（分） | | | | | | | | | | | | | | |
|---|---|---|---|---|---|---|---|---|---|---|---|---|---|---|---|
| | 総合（男女の平均） | | | | | 男性 | | | | | 女性 | | | | |
| | 2001年 | 2006年 | 2011年 | 2016年 | 2021年 | 2001年 | 2006年 | 2011年 | 2016年 | 2021年 | 2001年 | 2006年 | 2011年 | 2016年 | 2021年 |
| A | 462 | 459 | 459 | 457 | 471 | 469 | 467 | 466 | 462 | 476 | 455 | 452 | 453 | 452 | 467 |
| 食事 | 99 | 100 | 99 | 101 | a | 96 | 97 | 96 | 98 | ■ | 101 | 103 | 102 | 103 | ■ |
| B | 31 | 31 | 31 | 34 | 31 | 41 | 41 | 40 | 43 | 38 | 21 | 21 | 22 | 25 | 23 |
| C | 232 | 236 | 225 | 224 | 218 | 314 | 317 | 303 | 296 | 281 | 155 | 160 | 151 | 156 | 159 |
| 学業 | 24 | 23 | 24 | 27 | 24 | 27 | 25 | 25 | 28 | 25 | 22 | 20 | 22 | 26 | 23 |
| 家事 | 90 | 92 | 91 | 87 | 91 | 14 | 17 | 19 | 20 | 26 | 162 | 161 | 160 | 151 | 153 |
| 介護・看護 | 3 | 3 | 3 | 4 | 3 | 1 | 2 | 2 | 2 | 2 | 5 | 5 | 5 | 6 | 4 |
| 育児 | 13 | 14 | 15 | 16 | 15 | 4 | 5 | 5 | 6 | 7 | 23 | 23 | 24 | 26 | 22 |
| 買い物 | 25 | 25 | 27 | 26 | 26 | 14 | 15 | 17 | 17 | 19 | 35 | 35 | 36 | 35 | 33 |
| 移動（通勤・通学を除く） | 33 | 31 | 30 | 29 | b | 32 | 30 | 29 | 28 | ■ | 34 | 32 | 31 | 30 | ■ |
| テレビ・ラジオ・新聞・雑誌 | 154 | 147 | 150 | 138 | c | 160 | 151 | 154 | 143 | ■ | 148 | 143 | 147 | 134 | ■ |
| D | 79 | 84 | 90 | 96 | 116 | 78 | 83 | 90 | 97 | 119 | 80 | 86 | 90 | 96 | 114 |
| 学習・自己啓発・訓練 | 12 | 10 | 11 | 11 | 11 | 12 | 11 | 12 | 11 | 12 | 11 | 10 | 10 | 10 | 10 |
| スポーツ | ① | ② | ③ | ④ | ⑤ | ■ | ■ | ■ | ■ | ■ | ■ | ■ | ■ | ■ | ■ |
| ボランティア活動・社会参加活動 | 5 | 5 | 4 | 4 | 2 | 4 | 5 | 4 | 4 | 2 | 5 | 5 | 4 | 4 | 2 |
| 交際・付き合い | 27 | 22 | 19 | 17 | d | 26 | 20 | 18 | 15 | ■ | 27 | 24 | 21 | 19 | ■ |
| 受診・療養 | 9 | 9 | 9 | 8 | 7 | 7 | 8 | 7 | 7 | 7 | 10 | 11 | 10 | 9 | 8 |

（出典：総務省統計局　令和 3 年社会生活基本調査）

問題 1　行動の種類 [ A ], [ B ], [ C ], [ D ] に入るものとして、正しい組み合わせを一つ選びなさい。

ア．　A. 仕事　B. 通勤・通学　C. 睡眠　D. 休養・くつろぎ
イ．　A. 仕事　B. 趣味・娯楽　C. 睡眠　D. 通勤・通学
ウ．　A. 仕事　B. 休養・くつろぎ　C. 睡眠　D. 趣味・娯楽
エ．　A. 睡眠　B. 休養・くつろぎ　C. 仕事　D. 通勤・通学
オ．　A. 睡眠　B. 通勤・通学　C. 仕事　D. 休養・くつろぎ
カ．　A. 睡眠　B. 趣味・娯楽　C. 仕事　D. 休養・くつろぎ

問題2　「スポーツ」の ①〜⑤ に入るものに入る数値として、正しい組み合わせを一つ選びなさい。

ア．　①10　②14　③14　④18　⑤9
イ．　①6　②8　③11　④15　⑤19
ウ．　①11　②13　③12　④12　⑤12
エ．　①24　②22　③18　④16　⑤17
オ．　①16　②18　③8　④7　⑤7

問題3　a, b, c, d に入る数値として、正しい組み合わせを一つ選びなさい。

ア．　a. 131　b. 29　c. 153　d. 10
イ．　a. 131　b. 22　c. 132　d. 7
ウ．　a. 100　b. 29　c. 153　d. 10
エ．　a. 100　b. 22　c. 132　d. 10
オ．　a. 94　b. 22　c. 132　d. 7
カ．　a. 94　b. 29　c. 153　d. 10

問題4　表を説明した文章として、正しい内容の組み合わせを一つ選びなさい。

1.　2016 年から 2021 年にかけて、男性の「家事」時間は増加しており、2001 からみた 5 年ごとの増加率の平均も同様に、女性と比較して男性のほうが大きい。
2.　2001 年から 2021 年にかけて、男性の「育児」時間はわずかに増加しているが、2021 年を除けば女性の「育児」時間も減少傾向がみられず、「育児」に関して男性が大きく貢献しているとは言えない。
3.　「家事」「育児」「買い物」の各時間の推移から、家庭負担の男女差は次回調査において解消する。
4.　男女に関係なく、すべての行動の時間割合の推移を総合すれば、日本人の孤独化が進んでいることが読み取れる。
5.　「受診・療養」時間推移から、高齢者の「受診・療養」時間の増加を読み取ることはできない。

ア．　1,　2,　3
イ．　1,　2,　5
ウ．　1,　4,　5
エ．　2,　3,　4
オ．　3,　4,　5

**2**

次の各図は、全国の中学２年生を対象とした体力・運動能力と生活状況等の調査結果に関連するものである。これらをふまえて下記の問題１～４に答えなさい。

### ［ 体力合計点の経年変化 ］

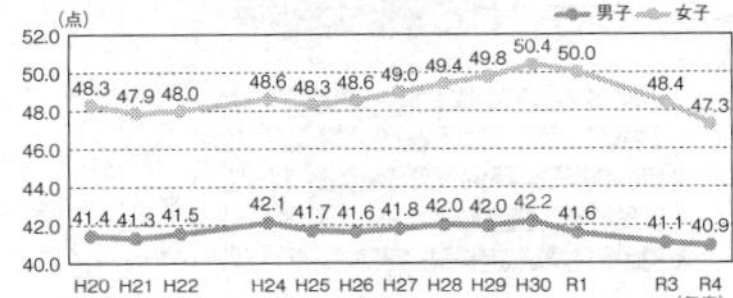


### ［ 肥満傾向児の出現率の経年変化 ］

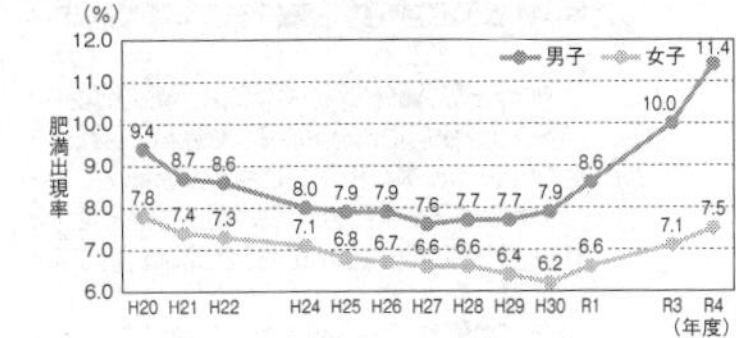


### ［ 肥満・痩身別にみた体力の総合評価の割合 ］

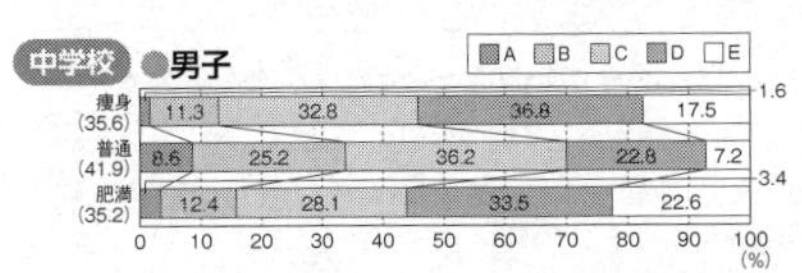


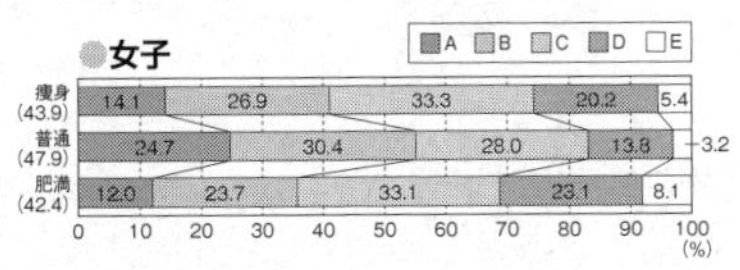


※ 総合評価は種目全てを実施した場合の合計得点を段階分けしたもので、

Aが最も高く、Eが最も低いことを示している。

### ［ 学習以外のスクリーンタイムの経年変化 ］

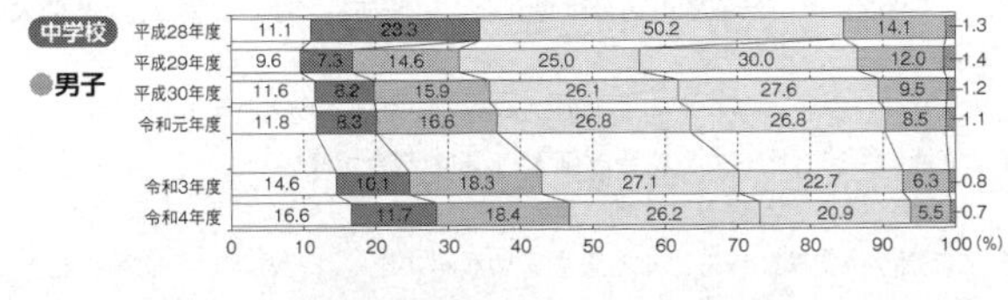


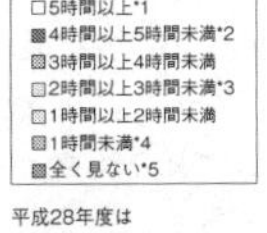


平成28年度は
*1 5時間以上
*2 3時間以上5時間未満
*3 1時間以上3時間未満
*4 1時間未満
*5 全く見たり聞いたりしない

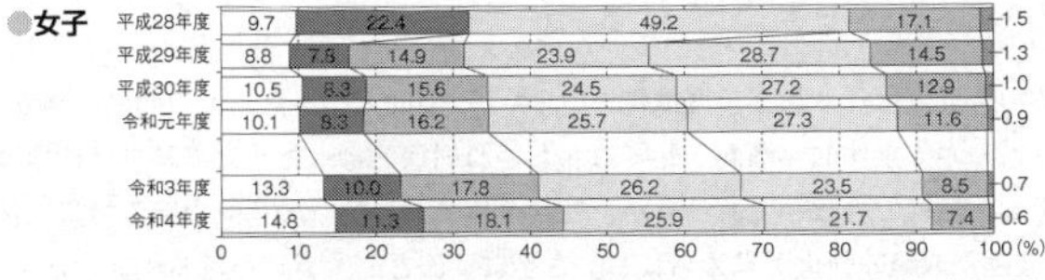


※ スクリーンタイムとは、平日１日当たりのテレビ、スマートフォン、ゲーム機等による映像の視聴時間をさす。

**［ 朝食の摂取状況の経年変化 ］**

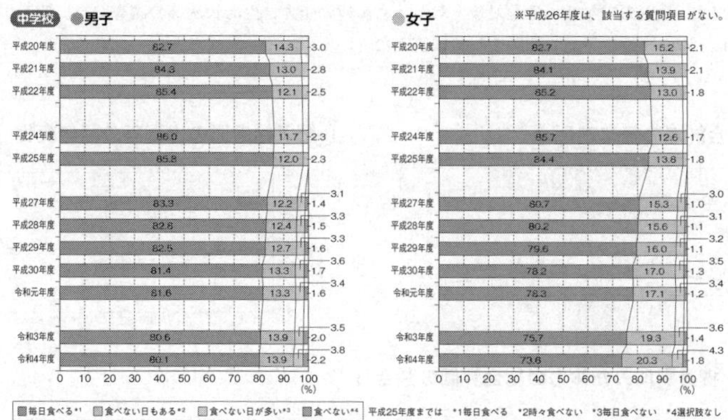


（出典：スポーツ庁 令和４年度全国体力･運動能力、運動習慣等調査報告書）

問題１　次のうち正しい記述には○、誤っている記述には×、図からはわからないものには△の記号を解答欄に記入しなさい。

ア．規則正しい生活習慣の要素であり、心身ともに健康な成長に必要である朝食の摂取状況を見ると、「毎日食べる」以外の回答をした生徒の割合は、男女ともに減少傾向にある。

イ．睡眠時間は平成 29 年度までは増加傾向であったが、それ以降は横ばいまたはやや減少している。

ウ．スクリーンタイムの状況は、３時間以上である者の割合は男女ともに増加している。また、１時間未満の割合の減少幅が大きくなっている。

エ．体力合計点は、男女ともスクリーンタイムが３時間未満のグループで全国平均よりも高い。

オ．体格が肥満や痩身の生徒は普通の生徒と比べて、総合評価Ａ・Ｂ群の割合が高い。

問題２　図に関連する以下の文を読み、空欄に当てはまる最も適切な語句をそれぞれ選び、記号を記入しなさい。

令和４年度調査における体力合計点は、令和３年度に続き（　Ａ　）傾向となった。この傾向は男女で程度に若干の違いは見られるものの、全体的な傾向としてはおおむね同様であった。この結果は新型コロナウイルス感染症まん延の影響も無視できないであろうが、社会全体が効果的・効率的な感染対策に移行する中、改めて（　Ｂ　）に向けた取組の強化が求められる。さらに要因として考えられる生徒の基本的な（　Ｃ　）に関しても、改善に努めていかなくてはならない。このように取組の強化が求められる一方で、１週間の総運動時間が 420 分以上の生徒の割合に関しては、いずれも昨年度比で増加が見られた。数値的には依然として令和元年度までの水準には達していないが、これまでの取組を継続していくことが期待される。

加えて、令和４年度は、保健体育の授業に関する調査項目をより充実させて調査を行った。その結果、保健体育の授業が楽しくなるためには、友達との交流機会の増加や個々の発達段階、発達ペースに見合った学習活動を取り入れることが有効であり、これらを通して、より多くの達成感や、それに伴う楽しさを感じる経験を積み重ねることが重要であることが示唆された。また、保健体育の授業が楽しいと感じている生徒においては、「運動が好き」や「卒業後も運動したい」の割合が高くなる傾向も確認された。

| 1 |
|---|

(A) 1. 維持　2. 増加　3. 低下　4. 変動
(B) 1. 部活動時間の確保　2. 体力向上　3. 健康リスクの低減　4. ウィズコロナ
(C) 1. コミュニケーション能力　2. 部活動時間の確保　3. 余暇活動　4. 生活習慣

問題3　問題2の文の［ 1 ］に入る文章として最も適していると考えられるのは次のうちどれか。

ア. 生徒が主体的に運動やスポーツに取り組む姿勢を養うために、保健体育の授業を含み1週間の総運動時間を420 分以上確保することは、学校に求められる優先事項のひとつである。
イ. 生徒が運動やスポーツを楽しめる環境づくりなど、豊かなスポーツライフにつながる活動についての継続的支援が必要である。
ウ. 多くの友人の獲得や社会的な成長はその後の人生においても重要であり、それがスポーツ活動への参加を促すことにつながることは疑う余地もない。
エ. 生徒に健康三原則（運動、食事、休養及び睡眠）の大切さを伝えることが社会的な課題として求められているのである。

問題4　大問2の各図に示された調査結果をふまえ、平成30年以降の体力合計点の経年変化の要因として考えられるものを、以下のア～コのなかから3つ選べ。

ア. 睡眠時間の増加
イ. 朝食を毎日食べない者の増加
ウ. 睡眠時間の減少
エ. オリンピック・パラリンピックの開催
オ. 肥満の増加
カ. 痩せの増加
キ. 新型コロナウイルス感染者の増加
ク. 「運動が好き」な者の減少
ケ. 運動習慣の確立
コ. スクリーンタイムの増加

## 3

「経験や勘は科学ではないのだろうか？」という書き出しで、その文字も含めて601 字以上1,000 字以内で論じなさい。

////////////////////// · memo · //////////////////////

# 2024年度

# 問題編

## 人間科学部：一般選抜（文系方式・理系方式）

# 問題編

### ▶試験科目・配点

| 方式 | 教　科 | 科　　目 | 配　点 |
|---|---|---|---|
| 文系方式 | 外　国　語 | コミュニケーション英語Ⅰ・Ⅱ・Ⅲ，英語表現Ⅰ・Ⅱ | 50点 |
| | 地歴・数学 | 日本史Ｂ〈省略〉，世界史Ｂ〈省略〉，「数学Ⅰ・Ⅱ・Ａ・Ｂ」〈省略〉のうちから１科目選択 | 50点 |
| | 国　　語 | 国語総合，現代文Ｂ，古典Ｂ | 50点 |
| 理系方式 | 外　国　語 | コミュニケーション英語Ⅰ・Ⅱ・Ⅲ，英語表現Ⅰ・Ⅱ | 50点 |
| | 数　　学 | 数学Ⅰ・Ⅱ・Ⅲ・Ａ・Ｂ | 50点 |
| | 理　　科 | 「物理基礎，物理」〈省略〉，「化学基礎，化学」〈省略〉，「生物基礎，生物」〈省略〉のうちから１科目選択 | 50点 |

### ▶備　考

- 出願時に文系方式または理系方式のどちらかを選択する。
- 数学Ｂは「確率分布と統計的な推測」を除く。

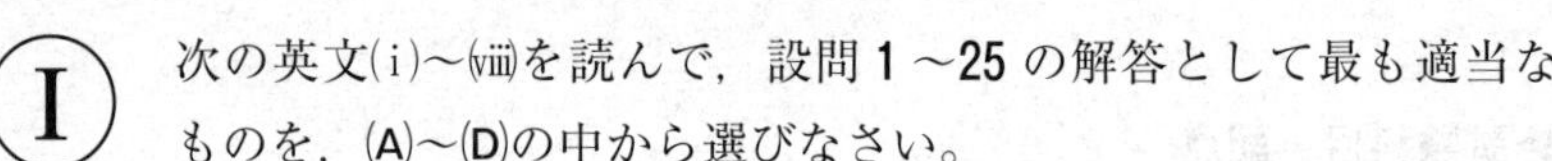

# 英語

(90分)

## I

次の英文(i)～(viii)を読んで，設問1～25の解答として最も適当なものを，(A)～(D)の中から選びなさい。

(i) Most salamanders live in streams and under rocks or logs, but the wandering salamander (*Aneides vagrans*) has a high-flying lifestyle. These 13-centimeter-long amphibians spend much or all of their lives in coastal redwoods, some of the tallest trees in the world. Now, a laboratory study shows how they can descend by jumping, slowing their fall by spreading their limbs like a skydiver.

To study the aerial ability of the wandering salamander, researchers brought several individuals into the lab along with three other species that vary in how well they climb. They put them into a wind tunnel with a fan blowing upward to simulate the animal falling. Both the wandering salamander and its relative, the arboreal salamander (*A. lugubris*), often spread their limbs like a skydiver in freefall, maximizing drag. This slowed their descent by as much as 10%, the researchers report today in Current Biology. Other times, the salamanders glided and turned in various directions by wiggling their legs and tail. In contrast, the speckled black salamander (*A. flavipunctatus*), which isn't known for its climbing ability, and the ground-dwelling Monterey ensatina (*Ensatina eschscholtzii*), at best sometimes managed to glide but without much control.

Skydiving could be an effective way to avoid predators. It might also be a more efficient way of moving down the tree. The researchers are now studying the flight behavior with computer models to figure out how wandering salamanders — which have no obvious adaptations for flight, such as flaps of skin — generate lift to help them glide.

出典追記：Watch salamanders 'skydive' in a wind tunnel, Science on May 23, 2022 by Erik Stokstad, American Association for the Advancement of Science (AAAS)

1. Why do wandering salamanders spread their limbs while falling?

(A) Avoid predators (B) Descend faster

(C) Slow their descent (D) All of the above

2. How do some salamanders change their direction while falling?

(A) Bending (B) Crossing

(C) Stretching (D) Wiggling

3. Which of the following most accurately describes salamanders' abilities?

(A) The arboreal salamander can descend faster than the Monterey ensatina.

(B) The Monterey ensatina has less control of their fall than the speckled black salamander.

(C) The speckled black salamander moves down trees faster than the Monterey ensatina.

(D) The wandering salamander and the arboreal salamander have similar aerial abilities.

4. How did the wandering salamander get its name?

(A) Ability to avoid predators

(B) Spreading their limbs like a skydiver

(C) Their climbing ability

(D) Not enough information given

(ii) Scientists have observed that babies and toddlers show a strong preference for sweet tastes. This preference was once an evolutionary advantage. Sugar from fruit or honey was a quick source of complex carbohydrates. And fruit that was sweet and ripe gave a person more nutritional value.

The preference for sweet foods ( **A** ) in late adolescence. And older teens and people in their early twenties discover they no longer care for sugary bubblegum or sweet strawberry drops. As we age, however, we become less reliant on a food item's taste profile. Our memory and perception enable us to try, and even like, new food items.

"As we grow and get exposed to different flavors, there is a lot of learning going on. We associate different tastes with different consequences," says Nancy E. Rawson with the Monell Chemical Senses Center in Philadelphia. A person, for example, might learn that bitter tastes aren't harmful and that Brussels sprouts are indeed delightful when tossed with a bacon dressing. This can prompt a person to try more bitter tastes. Conversely, feeling ill after devouring a grease-blotted taquito can prompt a person to avoid such foods in the future. This evolving palate, Rawson says, allows a person to adapt to environmental changes, in which certain foods might be unavailable or new foods are introduced. "Our senses are remarkable. They are constantly changing throughout our life," Rawson says. "This allows the system to react to the environment so it can stimulate the right kind of behavior."

Similar to how our skin cells replenish less robustly as we age, Rawson says our taste cells also diminish as we age. For women, taste cells begin atrophying and reducing in number after age forty. For men, the change starts in their fifties. The sense of smell also dwindles as a person ages. Much of a flavor's sensation comes from the aroma, and losing this sense can diminish a person's pleasure. These changes, however, are gradual and not significant. Rawson says a person can adapt and enjoy tasting food and eating throughout their older years. The problem is when certain medications interrupt taste cells.

**5**. How might have sweet foods benefited younger children?

(A) Complex carbohydrates

(B) Evolutionary advantage

(C) Nutritional value

(D) All of the above

**6**. Choose the best word to put in the space marked ( **A** ) in the second paragraph.

(A) diminishes (B) increases

出典追記：How Our Sense of Taste Evolves and Adapts, Discover on May 14, 2022 by Emilie Le Beau Lucchesi

(C) peaks (D) None of the above

7. How might our taste preferences change as we age?

(A) Associate tastes with their outcome.

(B) Increased tolerance for bitter tastes.

(C) Learn certain foods aren't harmful.

(D) All of the above



(iii)

著作権の都合上，省略。

California Will Stick Solar Panels Over Canals to Fight Two Disasters at Once, Gizmodo on February 16, 2022 by Molly Taft

著作権の都合上，省略。

8. Which of the following is NOT an accurate description of the TID project?

(A) First-in-the-nation
(B) First-in-the-world
(C) First-of-its-kind
(D) None of the above

9. What is unique about this proposed project?

(A) Fixes some serious water use problems.
(B) Maximizes space around solar arrays.
(C) Resolves the climate change threat.
(D) Uses solar panels to protect canals.

10. Which of the following does NOT describe how the two elements ― water and solar panels ― work together?

(A) Panels prevent water contamination.
(B) Solar panels reduce evaporation.
(C) Water canals help cool solar panels.
(D) None of the above

(iv) Researchers from the Massachusetts Institute of Technology have discovered that a specific set of neurons located in the auditory cortex in the brain respond to singing but not other sounds like speaking or instrumental music. "This work suggests there's a distinction in the brain between instrumental music and vocal music," says study co-author Sam Norman-Haignere, who was formerly an MIT researcher and is now a professor of neuroscience at the University of Rochester Medical Center, to *New Scientist*'s Jason Arunn Murugesu.

The research team measured neural responses to sounds using a technique known as electrocorticography (ECoG), a process of recording brain activity by placing electrodes directly on the brain's surface. Electrocorticography is not typically performed in humans because of its invasiveness, but it is used to monitor epilepsy patients who are about to have surgery to treat seizures, per a statement from MIT. While not required, patients can ( **A** ) to participate in studies while they are already being monitored.

They tested 15 participants' responses to 165 different noises, including toilet flushing, road traffic, instrumental music, speaking and singing. Some neurons responded almost exclusively to singing, though they also had a small response to instrumental music and speaking, per *New Scientist*. The study was published this week in *Current Biology*.

"The singing voice is the only musical instrument that almost everyone is born with, so one might expect us to have a rather different relationship with human song, relative to other kinds of music," says Sophie Scott, a professor of cognitive neuroscience at University College London who was not involved in the research, to the *Guardian*'s Nicola Davis.

The researchers developed a new statistical method that allowed them to infer the types of neural populations that produced the data each electrode recorded, per the statement. "When we applied this method to this data set, this neural response pattern popped out that only responded to singing," says Norman-Haignere, the lead author on the study, in a statement. "This was a finding we really didn't expect, so it very much justifies the whole point of the approach, which is to reveal potentially novel things you might not think to look for."

**11.** Based on the context, which of the following best fits the space marked ( **A** ) in the second paragraph?

(A) Agree (B) Choose

(C) Elect (D) All of the above

**12.** Why is the ECoG process rarely used on humans?

(A) Can induce epileptic seizures.

(B) Expensive to conduct.

(C) Requires brain surgery.

(D) None of the above

**13.** What is the main idea of this passage?

(A) One part of the brain is activated by singing.

(B) Researchers find a brain function anomaly.

(C) Scientists study how the brain processes sounds.

(D) The challenges of studying neural responses.

(v)

著作権の都合上，省略。

Why Drinking Water All Day Long Is Not the Best Way to Stay Hydrated. EatingWell on March 17, 2023 by Jessica Ball

著作権の都合上，省略。

**14.** What is the most serious side effect of dehydration?

(A) Mental fog
(B) Overeating
(C) Stroke
(D) Not enough information given

**15.** Which of the following may not help with hydration?

(A) Coffee
(B) Raw fruits
(C) Tea
(D) Tomatoes

**16.** What is the best way to avoid dehydration?

(A) Avoid high-intensity exercise.
(B) Drink lots of water.
(C) Have a mix of hydrating foods and water.
(D) Reduce alcoholic drinks.

(vi) Changing what you eat could add up to 13 years to your life, according to a newly published study, especially if you start when you are young. The study created a model of what might happen to a man or woman's longevity if they replaced a "typical Western diet" focused on red meat and processed foods with an "optimized diet" focused on eating less red and processed meat and more fruits and vegetables, legumes, whole grains and nuts.

If a woman began eating optimally at age 20, she could increase her lifespan by just over 10 years, according to the study published Tuesday in the journal PLOS Medicine. A man eating the healthier diet from age 20 could add 13 years to his life. Focusing on a healthier diet could also lengthen the lives of older adults, the study said. By starting at age 60, a woman could still increase her lifespan by eight years. Men starting a healthier diet at age 60 might add nearly nine years to their lives. A plant-based eating style could even benefit 80-year-olds, the study said: Men and women could gain about 3.5 years of extra life from dietary changes. "The notion that improving diet quality would reduce the risk of chronic disease and premature death is long established, and it only stands to reason that less chronic disease and premature death means more life expectancy," said Dr. David Katz, a specialist in preventive and lifestyle medicine and nutrition, who was not involved in the study.

Katz, the president and founder of the nonprofit True Health Initiative, a global coalition of experts dedicated to evidence-based lifestyle medicine. "What they define as an 'optimal' diet is not quite optimal; it's just a whole lot better than 'typical,'" Katz said, adding that he felt the diet could be "further improved, conferring even greater benefits. My impression is that their 'much improved' diet still allowed for considerable doses of meat and dairy," Katz said.

**17.** What does Dr. Katz think of the diet in the study?

(A) Better (B) Considerable

(C) Optimal (D) Typical

**18.** Which group would benefit the most from the "optimized diet"?

(A) 80-year-olds (B) Older women

(C) Younger men (D) Younger women

**19.** What does one NOT do on the proposed "optimized diet"?

(A) Focus on plant-based foods over meat and processed foods.

(B) Increase plant-based foods, decrease meat and processed foods.

(C) Replace meat with fruits, vegetables, legumes, grains and nuts.

出典追記：Changing your diet could add up to 13 years to your life, study says, CNN on February 9, 2022 by Sandee LaMotte

(D) Shift emphasis from red meat to fruits and vegetables.

(vii) Because a misunderstanding between a pilot and an air traffic controller can lead to catastrophe, the formation of a common language has made flying much safer. You might be surprised to learn that if you're taking an airline flight from a U.S. airport to some international destination — regardless of whether it's Paris, Bogota or Beijing — your pilot will be talking to controllers on the ground in those countries in the same language, English. But it's not a version of English that would make much sense to you, the passenger, since it's laden with numbers, acronyms and arcane terminology, such as "Center Control, Papa November tree-niner-fife at tree-tree-zero." The reason is that according to a set of standards and recommended practices adopted in 2003 by the International Civil Aviation Organization, pilots on international flights and air traffic controllers on their routes are required to speak a specialized version of the language known as Aviation English when they communicate over the radio.

How pilots communicate has evolved since they first began using radios in the early 1900s, according to Dominique Estival, a Western Sydney University linguist and co-author of the book "Aviation English: A lingua franca for pilots and air traffic controllers." Initially, they used the Q Code, a sort of simplified version of Morse code, and eventually, took to speaking the letters rather than tapping them out. Between the World Wars, pilots began using the International Telecommunications Union's phonetic alphabet, in which a code word was assigned to each letter — such as "alpha" for A, and "bravo" for B — to avoid having someone mishear a letter.

Aviation English doesn't have anywhere near as many words and phrases as the version of the language that most of us speak, but in some ways it's much more complex and nuanced. Because a misunderstanding between a pilot and a controller can lead to catastrophe, Aviation English relies upon a standard phraseology, which

Estival defines in an email as "a prescribed, highly constrained set of phrases to be used insofar as possible." As a 2014 Aerosavvy.com article explains, even the pronunciation of numbers should follow precise standards for optimum clarity, so that the number four, for example, is spoken as "FOW-er," while three becomes "tree" without the 'h' sound.

20. Which of the following is NOT a goal of Aviation English?
(A) Avoid misunderstanding.
(B) Facilitate communication.
(C) Promote safety.
(D) Save time.

21. Which of the following best describes Aviation English?
(A) Complex (B) International
(C) Practical (D) All of the above

22. What is the best title for this passage?
(A) Aviation English Helps Passengers Communicate with Flight Crew
(B) How Simplified Morse Code Changed the Safety of Air Travel
(C) International Language Promotes Intercultural Communication
(D) Pilots Use Universal Language to Enhance Flight Safety

(viii) There's a bit of debate about the origin of the phrase, "A picture is worth a thousand words." Some believe it's a proverb coined by the ancient Chinese philosopher Confucius; others say it's a modern turn of phrase invented by the advertising industry at the turn of the 20th century. But no matter its origin, the phrase begs a question: If art can express more than the words, then why was the alphabet ever invented? And the answer to that question still remains a bit of a head scratcher.

Writing is a relatively recent invention in human history, developed only about 5,000 years ago. For tens of thousands of years before that, history was largely handed down orally. "The creation of writing is the event that gave humanity a history," says Lydia Wilson in the new BBC documentary, "The Secret History of Writing." Wilson is a research associate at the Computer Laboratory at the University of Cambridge and a visiting scholar at the Ralph Bunche Institute for International Studies at City University of New York. "What prompted our ancestors to start writing things down, not for the ear, but for the eye?" she asks.

Archaeologists have taught us that before the alphabet was invented, "written" communication was in the form of pictures, known as hieroglyphics. They are believed to have originated around, 3100 BCE, not as a way to capture history, but as a method for documenting business transactions during the rise of the city-state. Scholars believe that Mesopotamia, considered the "Cradle of Civilization," is the birthplace of many history-changing inventions and concepts, including writing.

But hieroglyphics were complicated to read and it's believed that only a small group of scribes was able to decipher the thousands of images that represented specific words. While it's not clear exactly when or how, researchers say sometime in the second millennium — between 1900 and 1700 BCE — an alphabetic system was developed that enabled more people to read and write.

"The giant leap came when somebody conceived of this matter, that you could draw a picture which represented something that someone could recognize but at the same time that sign could be used just for the *sound* of the thing it looked like, so the sound became drawn out or separated from the picture," says Irving Finkel of the British Museum in the documentary. "And, this giant leap was rather simple and it's something which could have occurred to a child, but nevertheless is of great lasting significance."

**23.** How were hieroglyphics originally used?

出典追記：Why Was the Alphabet Invented, Anyway?, Discover Magazine on February 25, 2022 by Cari Shane

(A) Capture history (B) Document business
(C) Record news (D) All of the above

**24.** What was the result of developing an alphabetic system of written communication?

(A) Easier to communicate at a distance.
(B) History could be more easily recorded.
(C) More people could read and write.
(D) Scribes were no longer needed.

**25.** How is the transition from hieroglyphics to an alphabetic system of written communication described?

(A) Conceptually simple (B) Giant leap
(C) Significant (D) All of the above

## II

次の設問 26〜40 の空所を補うものとして最も適当な語を，(A)〜(K)の中から選びなさい。ただし，使われない語が含まれていることもあります。また，同じ語を繰り返して使うこともできます。空所に何も補う必要のない場合には(L)を選びなさい。

| (A) at | (B) about | (C) by | (D) for | (E) from | (F) in |
|---|---|---|---|---|---|
| (G) of | (H) on | (I) out | (J) to | (K) up | (L) NO WORD |

**26.** Robert was known for his outlandish stories so we took what he said with a grain ______ salt.

**27.** The information I provided in the application is accurate ______ the best of my knowledge.

**28.** Due to an unexpected turn ______ events, the theater intern was asked to perform in the play.

**29.** Taro set ______ for Boston to start a new job in the publishing business.

**30.** The reclusive author avoided being ______ the limelight in order to protect his privacy.

31. Some emerging Asian countries have come ______ the fore during the recent trade talks.

32. You're likely to spoil ______ your child by giving him everything he wants.

33. Employers should compensate their employees ______ any injuries in the workplace.

34. Daniel was just ______ to leave the house when he remembered he left the stove on.

35. The inattentive parents didn't realize their child was ______ of control and running around the store.

36. John saved his money bit ______ bit until he was finally able to buy a new car.

37. Maria wanted to lose weight, so she vowed to abstain ______ sweets and exercise daily.

38. Ichiro was excited to be ______ the wheel of his brand-new plug-in hybrid car.

39. The students were ______ against the deadline to submit their group project by noon.

40. Akiko seems much more ______ ease now that she's been working at the office for a month.

## Ⅲ

次の設問 41～50 のA～Dのうち，誤った英語表現を含んだ部分がある場合にはA～Dの中の一つを，誤りがない場合にはEを選びなさい。

41. The exasperated mother concluded (A) that it is no point (B) in trying to (C) force her son to do (D) his homework. NO ERROR (E)

42. The company's (A) new president will have (B) much troubles (C) dealing with (D) the various trade unions. NO ERROR (E)

**43.** The priority seats [A] for aged [B] on public vehicles [C] in Japan are called Silver Seats. [D] NO ERROR [E]

**44.** June was so please [A] to find out [B] that she had been chosen [C] to represent her town [D] at the county fair. NO ERROR [E]

**45.** Although it happened [A] last year, Olivia has been unable [B] to tell her [C] parents about [D] losing her job. NO ERROR [E]

**46.** I find [A] a fantastic new Indian restaurant [B] near [C] my office for [D] our 25th anniversary. NO ERROR [E]

**47.** The archeologist found many items [A] for daily use, [B] some of whose [C] were used [D] in the Edo period. NO ERROR [E]

**48.** The manager claimed [A] the equipments [B] for the new stadium won't be on site [C] for at least [D] one month. NO ERROR [E]

**49.** The children walked noisily, [A] one after another, [B] into the classroom [C] to begin their lesson. [D] NO ERROR [E]

**50.** Jenny woke up [A] especially early [B] this morning to take [C] a short walk and watch the sun raise. [D] NO ERROR [E]

# 数　学

## ◀理系方式▶

（60分）

〔注意事項〕

(1)　**分数形で解答する場合の分母、および根号の中の数値はできるだけ小さな自然数で答えること。**

(2)　**問1**から**問5**までの［ア］，［イ］，［ウ］，…にはそれぞれ、$-59$, $-58$, …, $-2$, $-1$, 0, 1, 2, …, 58, 59のいずれかが当てはまる。次の例にならって、マーク解答用紙の**ア**，**イ**，**ウ**，…で示された欄にマークして答えること。

例1　**ア**に3、**イ**に$-5$、**ウ**に30、**エ**に$-24$、**オ**に0と答えたいときは次のようにマークすること。

| | | 十の位 | | | | | 一の位 | | | | | | | | | |
|---|---|---|---|---|---|---|---|---|---|---|---|---|---|---|---|---|
| | − | 1 | 2 | 3 | 4 | 5 | 0 | 1 | 2 | 3 | 4 | 5 | 6 | 7 | 8 | 9 |
| ア | ○ | ○ | ○ | ○ | ○ | ○ | ○ | ○ | ○ | ● | ○ | ○ | ○ | ○ | ○ | ○ |
| イ | ● | ○ | ○ | ○ | ○ | ○ | ○ | ○ | ○ | ○ | ○ | ● | ○ | ○ | ○ | ○ |
| ウ | ○ | ○ | ○ | ● | ○ | ○ | ● | ○ | ○ | ○ | ○ | ○ | ○ | ○ | ○ | ○ |
| エ | ● | ○ | ● | ○ | ○ | ○ | ○ | ○ | ○ | ○ | ● | ○ | ○ | ○ | ○ | ○ |
| オ | ○ | ○ | ○ | ○ | ○ | ○ | ● | ○ | ○ | ○ | ○ | ○ | ○ | ○ | ○ | ○ |

例2　［カ］$x^3+$［キ］$x^2+$［ク］$x+$［ケ］に $-x^3+x^2-1$ と答えたいときは、［カ］に$-1$、［キ］に1、［ク］に0、［ケ］に$-1$を入れること。

【問 1】

(1) $x$が実数であるとき，$x(x+1)(x+2)(x+3)$ の最小値は $\boxed{ア}$ である．

(2) 次の連立不等式で表される領域の面積は $\boxed{イ}+\boxed{ウ}\pi$ である．

$$\begin{cases} x^2+y^2 \leqq 4|x|+4|y| \\ x^2 \leqq y^2 \end{cases}$$

(3) $10^x=25$，$100^y=400$ のとき，$3x+6y-2=\boxed{エ}$ である．

【問 2】

$n$を2以上の自然数とする．1から$n$までの番号が1つずつ付けられた$n$個の玉が中身の見えない袋に入っている．袋の中から1個の玉を選んで番号を確認して袋に戻すという操作を$n$回繰り返す．この$n$回の操作の中で，1から$n-1$までのいずれの番号の玉も選ばれているとき，番号が$n$の玉も選ばれている条件付き確率を$P(n)$とすると，$P(3)=\dfrac{\boxed{オ}}{\boxed{カ}}$，$P(50)=\dfrac{\boxed{キ}}{\boxed{ク}}$ である．

【問 3】

直方体 OABC-DEFG における各辺の長さは，

$$\mathrm{OA}=\mathrm{CB}=\mathrm{DE}=\mathrm{GF}=1$$
$$\mathrm{AB}=\mathrm{OC}=\mathrm{EF}=\mathrm{DG}=\sqrt{2}$$
$$\mathrm{OD}=\mathrm{AE}=\mathrm{BF}=\mathrm{CG}=\sqrt{3}$$

である．点Bから3点O, E, Gを含む平面に下ろした垂線の足をHとする．このとき，$\overrightarrow{\mathrm{OH}}=\dfrac{\boxed{ケ}}{\boxed{コ}}\overrightarrow{\mathrm{OE}}+\dfrac{\boxed{サ}}{\boxed{シ}}\overrightarrow{\mathrm{OG}}$ と表すことができ，$|\overrightarrow{\mathrm{BH}}|^2=\dfrac{\boxed{ス}}{\boxed{セ}}$ である．

【問 4】

2 点 A(1, 0, 1) と B(2, $\sqrt{3}$, 1)，および，$xy$ 平面上を自由に動く 2 つの点 P と Q があり，$l = \mathrm{AP} + \mathrm{BQ} + \dfrac{\mathrm{PQ}}{2}$ とする．$l$ が最小値をとるとき，点 P と Q を通る $xy$ 平面上の直線の方程式は $y = \sqrt{\boxed{ソ}}\,x - \sqrt{\boxed{タ}}$ であり，$l$ の最小値は $\boxed{チ} + \sqrt{\boxed{ツ}}$ である．

【問 5】

$n$ を 2 以上の自然数とする．座標平面において，原点を中心とする半径 $n$ の円 $C_n$ の内側を半径 1 の円 $C$ が滑らずに転がるとき，円 $C$ 上の定点 P の軌跡について考える．時刻 $t$ において，2 つの円 $C$ と $C_n$ は点 $(n\cos t,\ n\sin t)$ で接している．また，時刻 $t = 0$ において，点 P は点 $(n,\ 0)$ にある．$t$ が $0 \leqq t \leqq \dfrac{2\pi}{n}$ の範囲を動くとき，点 P の軌跡の長さを $L_n$ とする．このとき，$L_2 = \boxed{テ}$ である．また，$\lim_{n\to\infty} L_n = \boxed{ト}$ である．

イ　本詩の第三句から第六句の中間二聯は、船、花、蝶、鷗を静態的に描写し、文法構造も同一の、整然たる対句の組み合わせである。

ロ　第一句「佳辰……猶寒」には、異郷で迎える節句に対する好奇心が表現され、老境にあってなお瑞々しい作者の感性がにじみ出ている。

ハ　第七句「雲白……余里」は、作者の目に映った実景を詠じたものではなく、作者の脳裏に結ばれた純然たる心象風景を言葉にしたものである。

ニ　冒頭の二句は、めでたい節句の日にわびしく隠者のかぶり物をかぶっている現状を詠じ、それが作者の理想とは隔たっていることを暗示している。

ホ　この詩全体に、明るく色彩豊かになってきた春景色に対する喜びが表現され、旅の目的地へいち早く到着したいという強い願望が表現されている。

ヘ　「娟娟……」と「片片……」の二句には、船室から目にした蝶と鷗が描かれるが、思うに任せぬ我が身と対照的に、自由自在に空を飛ぶ彼らへの憧れが込められている。

**ハ**　春雨が降りしきる中、船室に坐っていると、波に揺られるうちに、まるで空中に浮かんだかの錯覚を覚え、老木に咲く花も霧雨につつまれ、まるで霧の中に咲いた花のようにぼんやり見えるばかりだ。

**ニ**　春の盛りに船下りをしていると爽快そのもので、天上にゆったり腰掛ける神様同様の気分になるが、ふと我に返ればやはり老いぼれ、花を愛でようにも老眼のため、霧の中で鑑賞しているかのようにぼんやりとしか目に映らない。

**ホ**　春爛漫の大河の前方を遠く望むと、空と川が一体となり往来する船がまるで天上の乗り物のように見え、春霞に覆われた沿岸の花を船上から眺めると、まるで色とりどりの色彩が空中にちりばめられたかのように老いぼれの目に映る。

**問二十二**　空欄 **a** に入る二文字の語として最も適切なものを次の中から一つ選び、解答欄にマークせよ。

**イ**　長安
**ロ**　故郷
**ハ**　洛陽
**ニ**　郷里
**ホ**　京華

**問二十三**　この詩の説明として適切なものを次の中から**二つ**選び、解答欄にマークせよ。

（注）寒食……晩春の節句で、この日はかまどの火を落として冷たい食物を食べる風習があった。小寒食はその翌日。
隠几……脇息（肘掛け）に寄りかかること。
蕭条……わびしい様。　鶡冠……隠者のかぶりもの。　娟娟……清らかで美しい様。
幔……薄いカーテンの類。　片片……軽やかな様。　急湍……急流、早瀬。

問二十　この詩の詩型として最も適切なものを次の中から一つ選び、解答欄にマークせよ。

イ　八句長歌
ロ　七言絶句
ハ　七言古詩
ニ　七字連句
ホ　七言律詩

問二十一　傍線部1「春水……霧中看」二句の意味として最も適切なものを次の中から一つ選び、解答欄にマークせよ。

イ　春は水面に浮かぶ船にもやって来て、まるで天国に昇ったかの心地にさせてくれるが、船上から望み見る古木に咲く花は春霞につつまれてぼんやりとしか見えない。
ロ　春の増水によって、舟に乗っているとフワフワとして天の上に坐っているかの心地になり、年老いたせいで沿岸に咲く花がまるで霧の中で見ているかのようにぼやけて見える。

（三）　次の漢詩は、唐の杜甫が晩年、長江の支流を南から北へと船旅していた時の作である。この漢詩を読んで、あとの問いに答えよ。なお、設問の都合上、返り点・送り仮名を省いた箇所がある。

小寒食舟中作

杜甫

佳辰強飲食猶寒
隠几蕭条戴鶡冠
1春水船如天上坐
老年花似霧中看
娟娟戯蝶過閑幔
片片軽鷗下急湍
雲白山青万余里
愁看直北是 a

**問十九**　この文章についての説明として適切なものを次の中から**二つ**選び、解答欄にマークせよ。

**イ**　一つ目のエピソードで、遊女と正妻が交友をつづけたことについて、二人を、めったにない素晴らしい心ばえだと語り手は評価している。

**ロ**　一つ目のエピソードで、正妻は夫に対して気持ちが離れた後も敬意ある態度をとりつづけており、語り手はそのふるまいを評価している。

**ハ**　二つ目のエピソードで、不幸な状況でも当意即妙な和歌を詠んでみせた女性の姿が理屈を越えて夫の心を動かした。

**ニ**　三つ目のエピソードで、女性は追い出される時にも、夫を置いて出て行くことを罪深いと考え、夫への要求を諦めた。

**ホ**　文章全体を通して、語り手は、人が愛されるかどうかも、前世の因縁ですべて決まっていると考えている。

**ヘ**　どのエピソードでも、夫の身勝手に対しても嫉妬を見せない女性が描かれており、語り手はそのような心のあり方が愛される理由だと考えている。

**問十七**　傍線部**3**の和歌「降らば降れ降らずは降らず降らずとて濡れで行くべき袖ならばこそ」の下の句の解釈として最も適切なものを次の中から一つ選び、解答欄にマークせよ。

**イ**　雨が降らなかったとしても、心の中で雨は降りつづいて、私を濡らして行くことでしょうから。

**ロ**　雨が降らなかったとしても濡れたことにしましょう。春の雨にはびしょ濡れで行くのがためしなのですから。

**ハ**　雨が降らなかったとしても、濡れずに行ければよいでしょうが、涙のせいで濡れずにはすまないのですから。

**ニ**　雨が降りつづいたとしても降らなかったとしても、私の心は晴れやかで濡らすことなどできないのですから。

**ホ**　これほどの大雨では、雨が止んだとしても、私はきっと、あたりの露で着物の袖を濡らして行くことになるでしょうから。

**問十八**　傍線部**4**「やがてとどめて、死にの別れになりにけり」とはどういうことか。最も適切なものを次の中から一つ選び、解答欄にマークせよ。

**イ**　夫が女性をしばらく家に残しているうちに、女性が死んでしまったということ。

**ロ**　夫はそのまま女性を引きとめて、死に別れるまでずっと一緒にいたということ。

**ハ**　夫は女性をしばらくして家に連れ戻して、死に別れるまで添い遂げたということ。

**ニ**　夫はそのまま出て行こうとする女性を止めることは出来ず、今生の別れになったということ。

**ホ**　女性が引き留めようとする夫をそこに残して、二人はそのまま死に別れることになったということ。

解答欄にマークせよ。

**イ**　正妻を追い出したのでは世間体が悪く、どうして一日だって過ごすことができるでしょうか。

**ロ**　あなたが正妻に未練を断ち切れずにいるような状態では、どうして一日だって過ごすことができるでしょうか。

**ハ**　離縁もせずに正妻が別にいる状態では、どうしてこのようにして、一日でも心やすく過ごすことができるでしょうか。

**ニ**　追い出したといっても、うるさい正妻が近くに住んでいるような状態では、一日でも心やすく過ごすことができるでしょうか。

**ホ**　性格のよい正妻を追い出して、私が居座ったままでは、どうしてこのまま一日でも過ごすことができるでしょうか。

**問十六**　傍線部**2**「雨晴れてこそ行き給はめ」の意味として最も適切なものを次の中から一つ選び、解答欄にマークせよ。

**イ**　あなたは雨が晴れてからいらっしゃるのがよいでしょう。

**ロ**　あなたは雨が晴れてからご出発なさることになっています。

**ハ**　あなたは雨が晴れたらいらっしゃるおつもりなのでしょうね。

**ニ**　あなたは雨が晴れるまえにご出発なさるのでしょう（それで私は見送れません）。

**ホ**　あなたは雨が晴れたらいらっしゃることになるでしょう（が、名残惜しいばかりです）。

**問十三**　傍線部**b**「まめやかに」の意味として最も適切なものを次の中から一つ選び、解答欄にマークせよ。

**イ**　ひどく・この上なく
**ロ**　まじめに・本心から
**ハ**　明るく・ほがらかに
**ニ**　わずらわしく・不愉快に
**ホ**　理不尽に・無作法なことに
**ヘ**　かわいらしく・不憫な様子で

**問十四**　傍線部**甲**「上らせ給ふなる」の品詞分解として、最も適切なものを次の中から一つ選び、解答欄にマークせよ。

**イ**　動詞「上らす」連用形＋謙譲語補助動詞「給ふ」終止形＋伝聞・推定助動詞「なり」連体形
**ロ**　動詞「上る」未然形＋過去助動詞「き」未然形＋動詞「給ふ」連体形＋断定助動詞「なり」連体形
**ハ**　動詞「上る」未然形＋使役助動詞「す」連用形＋尊敬語補助動詞「給ふ」連体形＋動詞「なる」連体形
**ニ**　動詞「上る」未然形＋尊敬助動詞「す」連用形＋尊敬語補助動詞「給ふ」連体形＋断定助動詞「なり」連体形
**ホ**　動詞「上る」未然形＋尊敬助動詞「す」連用形＋尊敬語補助動詞「給ふ」終止形＋伝聞・推定助動詞「なり」連体形

**問十五**　傍線部**1**「さらでは、いかでかくては、一日も侍るべき」の意味として最も適切なものを次の中から一つ選び、

と答へたりければ、わりなく覚えてとどめたりけるとかや。

遠江国にも、ある人の妻、さられむとて、既に馬に乗りて打ち出でけるを、人の妻のさらるる時は、家の中の物、心に任せて取る習ひなれば、「何物にても取り給へ」と、夫申しける時、「殿ほどの大事の人を打ち捨てて行く体の身の何物か欲しかるべき」とて打ち笑みて、憎げもなく云ひけるに、気色まめやかにいとほしく覚えて、やがてとどめて、死にの別れになりにけり。

人に憎まるるも、思はるるも、先世の事と云ひながら、心ざまによるべし。

（無住「沙石集」による）

（注）冥加……神仏のめぐみ・加護。

誓状……誓いの文書を書いて神に誓うこと。

**問十二**　傍線部 **a**「いぶせく」の意味として最も適切なものを次の中から一つ選び、解答欄にマークせよ。

**イ**　ひどく・この上なく

**ロ**　まじめに・本心から

**ハ**　明るく・ほがらかに

**ニ**　わずらわしく・不愉快に

**ホ**　理不尽に・無作法なことに

**ヘ**　かわいらしく・不憫な様子で

（二）　次の文章を読んで、あとの問いに答えよ。

ある殿上人、田舎下りのついでに、遊女を具して、上洛せられけるが、使者を先立てて、「人を具して上り候ふなり。[a]いぶせくこそ思しめされ候ふらめ、出させ給へ」と、情け無く申されたりければ、北の方、少しも恨みたる気色なくて、「殿の、人具して[甲]上らせ給ふなるに、御設けせよ」とて、細々と下知して、見苦しき物ばかり、取りしたためて、万ありつかはしく用意して、我が身ばかり出で給ひぬ。

遊女、この事を見聞きて、大きに恐れ驚きて申しけるは、「御前の御振舞、有り難き御心ばへにておはします由、承り候ふ。且つは、事の様も見参らせ候へば、いかでかかる御すみかには住み候ふべき。身の冥加も候はじ。御前を呼び参らせて、本の如くに、この身は別の処に候ひて、時々召されば、然るべく侍りなむ。[1]さらでは、いかでかくては、一日も侍るべき」と、おびただしく誓状しける上は、殿もことわりに思はれて、北の方の情けもわりなく覚えて、使者をもて、北の方を呼び奉る。

すべて返事もなかりけれども、度々とかく申して、あひ住み給ひけり。遊女も心ある者にて、互ひに遊び戯れて、隔てなきことにてありける。ためし少なき心ばへにこそ。

また、ある人の妻、さられて既に馬に乗りける折節、雨降りければ、かの夫、「[2]雨晴れてこそ行き給はめ」と云ひければ、妻の返事に、

[3]降らば降れ降らずは降らず降らずとて濡れで行くべき袖ならばこそ

ニ　教室が汚れているのを見て、ある生徒がゴミ拾いを率先して行った。

ホ　地球温暖化を防ぐために、エアコンの使用を控えた。

ヘ　アルバイト先の従業員が話し合い、勤務条件の改善につながった。

**問十一**　文章**B**の内容に合致するものを次の中から**二つ**選び、解答欄にマークせよ。

**イ**　ＡＩ・ロボットといったコンピュータは、あらかじめ決められたプログラムに基づいて高速に処理するため、社会情報の意味を素早く理解し、効率的に伝達することができる。

**ロ**　生物によってオートポイエティックに創出される生命情報は、生き物の目的である「生存」と一体になっている「意味」を持つが、意味を伝える社会情報とは区別されている。

**ハ**　人間は社会システムという制度の影響からは逃れられない一方で、多種多様な言葉を駆使するという特徴を有するので、語彙や文法からは自由に思考を巡らせることができる。

**ニ**　ＡＩ・ロボットを人間社会の中で活用するためには、コンピューティング・パラダイムとサイバネティック・パラダイムの二つを組み合わせることが必須の条件となる。

**ホ**　数学者ジョン・フォン・ノイマンを始祖とするコンピューティング・パラダイムは、物理学者ハインツ・フォン・フェルスターによって定式化され、今日の社会にも影響を与えている。

**ヘ**　ＡＩ・ロボットが企業の意思決定を支援する存在として参画すれば、構成員に向けた指示を直ちに決定できるので、インターネットを介して大きな影響力をもちうる。

も適切なものを次の中から一つ選び、解答欄にマークせよ。

**イ**　社会システムからみると、プログラムで動くＡＩ・ロボットも自由意志を持つ人間も同じく下位システムに位置づけられるため、社会システムからの制約を受けるという意味ではほとんど同等だとみなせるということ。

**ロ**　人間は本来様々な意見を持つにもかかわらず、会社での会議というシステムからみると議題に関する決まりきった発言しかしないので、ＡＩ・ロボットに置き換えることができるということ。

**ハ**　コンピューティング・パラダイムの強い影響を受けるサイバネティクスからみると、規格化された社会システムでの自律的な人間の振る舞いは、他律的なＡＩ・ロボットと大差ない機械部品に過ぎないということ。

**ニ**　機械情報が「情報」の大部分を占める社会システムからみると、他律的なＡＩ・ロボットは自律的な人間の問題解決を助けるパートナーであるため、倫理道徳を議論する際には人間と相互依存の関係にあるということ。

**ホ**　個人の心的システムとその個人が属する社会システムの間の関係性からみると、これと同型の関係性を、ＡＩ・ロボットが社会システムとの間に有していれば、人工知能は人間の知能と見分けがつかなくなるということ。

**問十**　文章**Ｂ**の傍線部**6**「こういうこと」とあるが、その具体例として適切なものを次の中から**二つ**選び、解答欄にマークせよ。

**イ**　社会規範に照らして、バスの優先席を高齢者に席を譲った。

**ロ**　落ち込んでいる人のために、優しい言葉を言ってあげた。

**ハ**　生徒一人一人の意見によって、校則が変更された。

**問九**　文章**B**の傍線部**5**「社会システムの視点に立つとき、他律的（アロポイエティック）なAI・ロボットも、本来は自律的（オートポイエティック）な人間と近似的に同格となる」とあるが、どういうことか。その説明として最

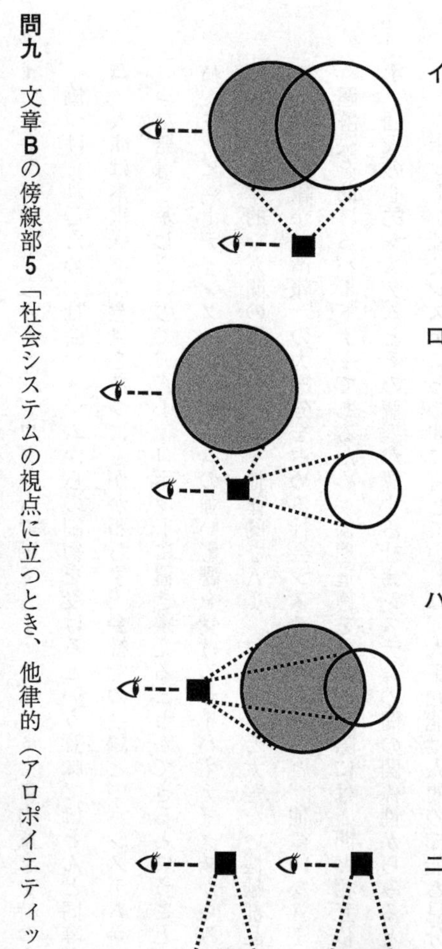


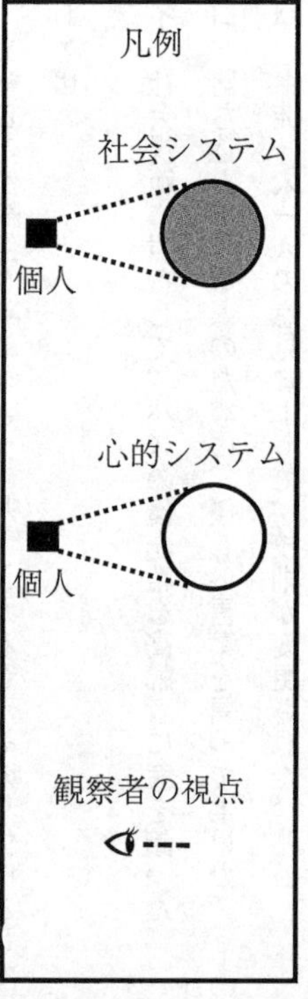

**問六**　文章Bの空欄 c と d には、対比的な語句が入る。それぞれの空欄に入る最も適切な組み合わせを次の中から一つ選び、解答欄にマークせよ。

**イ**　c　自律　　d　他律

**ロ**　c　効率　　d　非効率

**ハ**　c　長期　　d　短期的

**ニ**　c　開放系　　d　閉鎖系

**ホ**　c　狭義の情報　　d　広義の情報

**問七**　文章Bの傍線部3「「昨日食べたもののせいか、お腹がしくしく痛むんです」と言う」とあるが、このやりとりを一般化して言い換えた表現を**傍線部3を含む文よりあとから十五字以内**で抜き出し、記述解答用紙の解答欄に記せ。

**問八**　次の図は、文章Bの傍線部4「階層的自律コミュニケーション・システム」の内容理解に基づき、四名の大学生が図式化を試みたものである。本文の内容を的確に捉えた学生の図式化として最も適切なものを次の中から一つ選び、解答欄にマークせよ。

ニ　登山中に雷鳥を写真に撮ろうとしてカメラを出そうとしたら、雷鳥は逃げていった。
ホ　特定の地域に集中的な大雨が降り続いたことで、災害のリスクが高まった。

**問四**　**文章A**の内容に合致するものを次の中から**二つ**選び、解答欄にマークせよ。

**イ**　人間の知性である天然知能は、自由意思、決定論、局所性の三つを同時に成り立たせ、矛盾なく解決できる。
**ロ**　近年の脳神経科学者は、身体の条件によってコップの水を飲む行為が実行されたという決定論が幻想だと主張する。
**ハ**　倫理道徳の前提条件には自由意思があるため、AI・ロボットが自由意思をもちうるかを議論する必要がある。
**ニ**　人間の天然知能は、主観的な知識と客観的な知識の両方を備えているため、「一・五人称的」と呼ばれる。
**ホ**　AIは、ソフトウェアだけであろうが知覚機能をそなえたロボットであろうが、同様に客観的な知性を有する。
**ヘ**　天上の神は、宇宙のすべてを同時かつ精確に知ることができるため、俯瞰することができる普遍的な知性である。

**問五**　**文章B**の空欄 b に入る語句として適切なものを**文章Aの最終段落**から**三字以内**で抜き出し、記述解答用紙の解答欄に記せ。なお、句読点や括弧・記号などが含まれる場合には、それぞれ一字分に数え、必ず一マス用いること。

**ロ**　人間が責任を負うべきことであればAIやロボットも責任を負うべきであり、また、人間が責任を負う必要がないことであればAIやロボットも責任を負う必要はないから。

**ハ**　決定論的な行為については、コントロールするのが物理的／化学的な条件であってもプログラムであっても、人間同様AIやロボットも責任を負わされるべきではないから。

**ニ**　AI・ロボットは、善悪を独自に判断することができないため、重大な決断に関しては、AI・ロボットの代わりに人間が善悪の判断を行わなければならないから。

**ホ**　情報処理という面に関しては、AIやロボットは人間よりはるかに優れていることを前提にすると、人工知能が人間の代わりに意思決定を行うことが可能であるから。

**問二**　文章**A**の空欄 **a** に入る語句として適切なものを文章**A**の本文中から**三字以内**で抜き出し、記述解答用紙の解答欄に記せ。なお、句読点や括弧・記号などが含まれる場合には、それぞれ一字分に数え、必ず一マス用いること。

**問三**　文章**A**の傍線部**2**「局所性をもちえない」とあるが、人間をはじめ生物が局所性をもちえないことについて本文中の意味と同様に用いた具体例として最も適切なものを次の中から一つ選び、解答欄にマークせよ。

**イ**　犯罪が同じエリアの二地点で同時に発生したことで、近隣の住民はパニックに陥った。

**ロ**　注射をしたところ、すぐに赤く腫れ、さらに悪いことに、他の場所も腫れてしまった。

**ハ**　顕微鏡で花崗岩を観察中、倍率を上げたら、結晶が見えなくなってしまった。

ック・パラダイムとコンピューティング・パラダイムという二つのパラダイムを相互作用していく方途が見えてくる。

ただし、このアプローチで倫理道徳を考えるとき、きわめて注意しなくてはならない点がある。個人の道徳心は社会的な倫理規範という制約のもとにある。だがそれは必ずしも静的・構造的な関係ではない。短期的には社員の心的システム（下位）は企業という社会システム（上位）の倫理規範という制約にしたがわなくてはならないが、もしそれが（厳しすぎる職場の服装強制など）著しく不合理だと判断される場合、長期的には、倫理規範をボトムアップで動的に変えていくことも可能なのである。AI・ロボットは人間とちがい個別の自律的な道徳心をもたないので、**6**こういうことは不可能だ。とはいえ、AI・ロボットがエージェントとして企業のコミュニケーションに参加し、構成員の道徳心や倫理規範に間接的に影響をあたえることはできる。とりわけ、インターネットのなかでAIエージェントは大きな影響力をもちうるので、この点は今後、重要な議論となってくるだろう。

（西垣通「人新世におけるAI・ロボット」）

（注）JIS16進コード……日本語の文字を英数字に置き換えたもの。
HACS……Hierarchical Autonomous Communication System

**問一**　文章**A**の傍線部**1**「もし人間が本質的にデータ処理機械だとすれば、両者に帰すべき責任の相違すら分からなくなってしまう」とあるが、その理由として最も適切なものを次の中から一つ選び、解答欄にマークせよ。

**イ**　人間が自由意志をもたない場合には、ある与えられた条件のもとで人間が示す行為は、AIやロボットがプログラムにしたがって示す行為と本質的に同じであるとみなせるから。

といった秩序体系をもっており、大きな潜在的制約となっている。原理的には人間はどんなことでも自律的に思考可能だが、社会的制約を守らなければ、事実上われわれは社会生活を送れない。社会的制約が、社会システムのコミュニケーションを成立させ、また閉鎖系同士での疑似的な意味伝達つまり社会情報の交換を可能にしているのである。

この点を明確化するために、基礎情報学では閉鎖性と開放性の理論的な架橋を試みる。具体的には、あるオートポイエティック・システムAの作動の結果をいわば素材として、別のオートポイエティック・システムBが作動するとき、「AはBの下位にある」という階層関係を導入するのである。たとえば、個人の心的システムは社会というシステムの下位にある、ということになる。重要なのは、ここで視点移動という操作がおこなわれることだ。視点が個人の心的システムにあるとき、個人の思考はあくまで自律的（オートポイエティック）に産出される。一方、視点を社会システムに移すと、そこでは社会構成員の発する社会情報を素材としてコミュニケーションが自律的（オートポイエティック）に産出される。肝心なのは、このとき、社会の視点から見ると、個々の社会構成員の心は一定の制約にしたがう他律的（アロポイエティック）なものと化す、という点なのだ。このようなシステムを基礎情報学では[4]「階層的自律コミュニケーション・システムHACS」と呼ぶ。これはいわゆるオートポイエティック・システムの理論的拡張になっている。

たとえば、企業と社員を考えると、社員は心中では何でも考えられるが、会社の会議では通常、議題に関する一定の枠内の文脈での発言しかおこなわない。つまり、企業が課する制約が、コミュニケーション（疑似的な情報伝達）をもたらしているのだ。

基礎情報学はネオ・サイバネティクスの一環だが、このHACSという階層的なモデルは、AI時代の倫理道徳を考察するとき、きわめて有効である。というのは、[5]社会システムの視点に立つとき、他律的（アロポイエティック）なAI・ロボットも、本来は自律的（オートポイエティック）な人間と近似的に同格となるからだ。ここに、サイバネティ

もつ広義の情報のことだ。閉鎖系内部で産出されるので、生命情報を直接他の閉鎖系に伝えることはできない。伝達のために記号化をおこない、生命情報を共通の記号で表現したのが「社会情報」だ。これが言葉や合図などの、いわゆる狭義の情報である。ついで、社会情報を時間空間をまたいで効率よく流通させるために、最狭義の情報である「機械情報」が用いられる。機械情報というとコンピュータで処理できるデジタルなデータが典型的だが、数千年前につくられた文字も機械情報の一種に他ならない。

たとえば、胃腸の「痛み」を感じる時、それ自体は生命情報で、内側から観察されるものである。だが、医師の診察をうけて3「昨日食べたもののせいか、お腹がしくしく痛むんです」と言うなら、それは（近似的にせよ）意味を伝えるための社会情報である。そして医師が「食中毒」と診断し、パソコンで患者用のカルテのデータを入力するとき、そこで機械情報が出現するのである（「食中毒」は JIS16進コードで「3F29 4366 4647」）。ある町で食中毒が多発しているなら、そのデータはＡＩのプログラムなどで統計的にコンピュータ処理されるかもしれない。ただし、「生存」という生き物の目的と一体なのが「意味」だから、ＡＩは食中毒の「意味」を本質的に理解しているわけではまったくないのだ。

このように、情報というものは本来、閉鎖系のなかで発生するものであり、開放系である機械はその一部を形式的に処理するだけである。機械情報のみを「情報」と見なすとき、この枢要な点が看過され、人間は一種の機械部品と化してしまうのである。ＡＩ・ロボットの活用においては、必ずこのことに留意しなくてはならない。

第二のポイントは、個人の心的システムと個人が属する社会システムとの関連づけである。個々の心は閉じており、本質的に自律的だが、同時に社会的な制約を受けていることに気づくことが肝心である。社会的な制約のもとでわれわれの思考活動がおこなわれていることは述べるまでもないだろう。法律はむろんだが、そもそも言語自体が文法や語彙

誕生した。これは顕著な功績だったが、同時に、大きな問題点を抱え込むことになった。ポイントはサイバネティック・パラダイムが前提とする「閉鎖性」という特徴である。

情報という概念は、工学的には開放系を前提としている。閉鎖系同士のあいだで、いかにして情報は伝達されるのだろうか？　また、個人の心が閉鎖系だとすれば、社会のコミュニケーションはどう定式化することができ、それと個々の心はどう関係づけられるのだろうか？――実際、オートポイエーシス理論においては、情報という概念は基本的に排除されている。また、ニクラス・ルーマンの機能的分化社会理論においては、社会システムは閉じており、オートポイエティックに社会的なコミュニケーションを産出するのだが、個々の人々の心はそれぞれシステムとして独立しており、社会システムと直接つながっているわけではない。

こうして、情報社会において理論的に巨大な問題が生じた。機械内部や機械同士の通信・制御なら、［c］を前提としたシャノンの情報理論とコンピューティング・パラダイムで十分だろう。だが、AI・ロボットの応用分野のように、そこに［d］である人間のコミュニケーションが絡んでくると、どうしてもサイバネティック・パラダイムにもとづく分析を導入し両者を組み合わせていかなくてはならない。具体的にはチャットボットと人間との会話や、機械翻訳を想起すれば明らかだろう。コンピュータはプログラムにしたがって文章中の記号を形式的に処理するだけだが、人間は時々刻々、新たに意味解釈をおこなうため、どうしてもギャップができ、不具合が生じることになってしまう。

われわれが構築している基礎情報学は、サイバネティック・パラダイムのもとでこの巨大な問題の解決をめざし、さまざまな課題と取り組んでいる。ここでは簡潔にその骨子だけを述べる。まず、「情報」という概念のとらえ直しをおこなわなくてはならない。これが第一のポイントである。情報の定義は種々あるが、基礎情報学では情報を三つに分類する。もっとも根源的なのは「生命情報」であり、これは、生物によってオートポイエティックに創出される、意味を

**B**

生物特有の「内側からの観察」というネオ・サイバネティクスの思想を体現するアプローチは「サイバネティック・パラダイム」と呼ばれる。一方、これと対比されるのは「コンピューティング・パラダイム（情報処理パラダイム）」である。これはウィーナーのライバルであり、現行コンピュータの原型を設計した数学者ジョン・フォン・ノイマンを始祖とするものだ。コンピューティング・パラダイムは、［ b ］から対象を精確に観察記述し、万事をデジタルなデータの計算に帰着させるアプローチであり、コンピュータ技術の発展とともに情報技術の中核をなすようになった。現行のＡＩ・ロボット研究もコンピューティング・パラダイムにしたがっている。

コンピューティング・パラダイムの重要性や有効性については述べるまでもない。だが、人間とコミュニケートするといったＡＩ・ロボットのアプリケーションにおいては、これだけでなく、サイバネティック・パラダイムをも組み合わせていくことがどうしても不可欠となってくる。さもないと、人間は単なるデータ処理機械に格下げされ、残酷な抑圧が出現してしまうからだ。両者の組み合わせはいかにして可能になるだろうか。

実は、当初のサイバネティクスはコンピューティング・パラダイムの強い影響のもとにあり、外側からの視点も残存していた。ウィーナーの議論にはいわゆる情報処理に関する記述も多々あり、そこでは生物が開放系と見なされているのである。「サイボーグ」とか「サイバー空間」といった用語はこの流れから来ている。

内側からの観察という点を純粋に追求したシステム論は、物理学者ハインツ・フォン・フェルスターによって定式化され、この影響のもとに一九七〇―八〇年代にオートポイエーシス論を代表格とするネオ・サイバネティクスの思想が

じである。このことは、AIソフトウェアだけでなく知覚機能をそなえた物理的なハードウェアと組み合わされたAI・ロボットについても言える。

一方、人間は「外部」をもっている。郡司のいう「外部」というのは、客観的に定義されて測定し計算できるような、明確な存在ではない。「想定外の何者か」なのだ。その存在は何となく分かっているのだが、予期しえないことをするかもしれないので、やってくるのをこちらが待っている他はない。そういう両義的な存在なのである。自分の世界の外部にそういうあいまいな存在が満ちている、と感づいているのが人間の知性、つまり天然知能の特徴なのだ。他人とは外部の一種であり、ゆえに郡司は人間の知性を「一・五人称的」と見なす。

では、天然知能に自由意思はあるのだろうか？――ここで有名な「トリレンマ」(trilemma)の議論が現れる。これはもともと量子力学的な議論なのだが、応用範囲が大きく拡大される。ディレンマ(dilemma)とは二つが両立しないことだが、トリレンマとは三つが並立できないことであり、言いかえるとその中の二つは同時に成立できるのである。

さて、この議論によると、自由意思、決定論、局所性の三つがトリレンマをなす。ここで「局所性」というのは元来、空間的に隔てられた二つの場所で起こる出来事を、一方が他方に影響をあたえずに知ることが可能、ということだ。これは「観察(情報取得)」に関わっている。人間をはじめ生物の認知はいわゆる観察者効果(対象を知ろうとすると対象を乱してしまうこと)から逃れられないので、多くの場合、[2]局所性をもちえない。一方、天上の神は宇宙のすべてを同時かつ精確に知ることができるから、局所的な知性をもつ。つまり、神はある意味で「外側」から対象を観察しているのであり、超人間主義者の信じる科学技術的な観察も、実はそういう局所性が暗黙の前提なのだ。だが、生きた人間にとっての倫理的情報を考察するには、生命体として「内側」から対象を観察することが原則となる。とすると、人間は局所性を放棄することにより、自由意思と決定論を [ a ] させることが可能だという理屈になるわけだ。

だ。誰か（何か）によってコントロールされるなど、所与の条件のもとである行為が因果的に生じるとき、それは「決定論」のもとにあると言われる。つまり、脳神経科学者は、身体に関する物理的／化学的な条件によってコップの水を飲むという行為が実行されたのであり、当人の自由意思などは幻想だと主張するのである。自由意思と決定論とは矛盾し両立不能と見なせるというのだ。

確かに、体調が悪いときに馬鹿な口喧嘩をして後悔するといった経験は誰にもある。だがそれなら、カッと腹を立てて殺人を犯しても、自らの意思ではなく脳の作動のせいだからと責任を逃れられるのだろうか。この問題は、軍事用ＡＩ・ロボットである自律型致死性兵器システムの行為責任とも関わってくる。ＡＩ・ロボットはあくまで所与のプログラムにしたがって因果的に作動しているだけなのだが、1もし人間が本質的にデータ処理機械だとすれば、両者に帰すべき責任の相違すら分からなくなってしまうだろう。

この点について、理論生物学者である郡司ペギオ幸夫が説く「天然知能」の議論はきわめて興味深い。その内容は、超人間主義的な神がかりのＡＩ観や、それにもとづく浅薄なデジタル技術信仰にたいする手厳しい批判である。郡司のアプローチは、人間をふくむ生命現象を内側からとらえるものであり、その意味では、後述するネオ・サイバネティクス／基礎情報学と共通している。だが、理論生物学者によるあくまで科学的な議論なので、ＡＩ・ロボットの研究者にも理解しやすいはずである。

天然知能とは、端的には、「われわれ人間の知性」のことだ。ＡＩ（人工知能）というのは基本的には三人称的・客観的な知性である（当該システムの目的に応じて入力されたデータだけからなるので、一人称的知性という面もあるが、内容的には三人称的である）。ゆえにＡＩは「外部」をもたない。むろん、システム内部に新たな入力データをとりこむことはあるが、その時点でのデータの集合がＡＩの世界をなしており、それ以外は無視され、存在していないのと同

# 国語

（六〇分）

（一）次の文章は同一の著作から二つの部分（A・B）をそれぞれ抜き出したものである。文章A・Bを読んで、あとの問いに答えよ。なお、設問の都合上、表現を改めた箇所がある。

**A**

分かりやすい問いから始めよう。いったい人間は「自由意思」（free will）をもつのだろうか？——倫理道徳のベースは、善や正義を自律的に選ぶ自由意思にある。それが否定されてしまえば、倫理道徳など消滅してしまうから、自由意思は倫理を論じる大前提のはずだ。この問いは、ＡＩ・ロボットが自由意思をもちうるか、という難問につながっていく。

われわれはノドが乾いたとき、目の前にあるコップに手を伸ばして水を飲むことができる。だから、人間が自由意思をもつのは当然だという気もしないではない。だが、近年の脳神経科学はこれに疑問をつきつける。水を飲むのは当人の自由意思にもとづく行為ではなく、消化器など身体がもたらす物理的／化学的反応、そして物理的／化学的反応を入力として具体的な細かい手足の動作をつかさどる脳神経システム、などのコントロールのもとにある行為だという理屈

人間科学部：一般選抜（共通テスト＋数学選抜方式）

# 問題編

## ▶試験科目・配点

| 試験区分 | 教　科 | 科　　目 | 配　点 |
|---|---|---|---|
| 大学入学共通テスト | 外国語 | 英語，ドイツ語，フランス語，中国語，韓国語から1科目選択 | 40点 |
| | 地歴・公民 | 日本史B，世界史B，地理B，現代社会，倫理，政治・経済，「倫理，政治・経済」から1科目選択 | 20点 |
| | 数　学 | 「数学Ⅰ・数学A」 | 20点 |
| | | 「数学Ⅱ・数学B」 | 20点 |
| | 理　科 | 物理，化学，生物，地学から1科目選択<br>または<br>物理基礎，化学基礎，生物基礎，地学基礎から2科目選択 | 20点 |
| | 国　語 | 国語 | 20点 |
| 個別試験 | 数　学 | 数学Ⅰ・Ⅱ・Ⅲ・A・B* | 360点 |

## ▶備　考

**【共通テスト】**

- 外国語は配点200点（英語はリーディング100点，リスニング100点の合計200点）を40点に，国語（古典〈古文，漢文〉を含む）は配点200点を20点に，地歴・公民，数学，理科はそれぞれ配点100点を20点に換算する。
- 「地歴・公民」「理科（物理，化学，生物，地学）」において，2科目受験の場合は，第1解答科目の成績を合否判定に利用する。指定以外の科目を第1解答科目として選択した場合は，合否判定の対象外となる。
- 「理科」において，基礎を付した科目（2科目）は1科目として数える。

基礎を付した科目（２科目）と基礎を付していない科目（１科目）の両方を受験した場合は，得点の高い方の成績を大学側で自動的に抽出し，合否判定に利用する。

**【個別試験】**

•「数学Ｂ」は「確率分布と統計的な推測」を除く。

＊数学は，設問の選択により，上記出題範囲のうち数学Ⅲを除く範囲のみでの解答も可能。

**▶合否判定**

上記共通テストの得点（５教科６科目：配点 140 点）と個別試験（数学）の得点（配点 360 点）を合算して，合否を判定する。

# 数　学

（120 分）

（注）　問 4，問 5 はいずれか 1 問を解答する選択問題である。

## 必須問題

【問 1】から【問 3】のすべてに解答せよ.

【問 1】

(1) $x+\dfrac{1}{x}=\sqrt{6}$ のとき，$x^{2032}-194x^{2024}+x^{2016}$ の値を求めよ.

(2) サイコロを 100 回投げるとき，5 の目がちょうど $k$ 回出る確率が最大となるような $k$ の値を求めよ.

(3) $0<\alpha<\dfrac{\pi}{2}$，$-\dfrac{\pi}{2}<\beta<0$ において，

$$\cos\left(\frac{\pi}{4}+\alpha\right)=\frac{1}{3},\quad \cos\left(\frac{\pi}{4}-\frac{\beta}{2}\right)=\frac{\sqrt{3}}{3}$$

とする．このとき，$\tan\left(\alpha+\dfrac{\beta}{2}\right)$ の値を求めよ.

【問 2】

2 次方程式 $x^2-kx+4k=0$ が異なる 2 つの整数解を持つような実数 $k$ の値と，そのときの 2 つの整数解の組をすべて求めよ.

【問 3】

(1) △ABC において，3 つの角の大きさを $A$，$B$，$C$ とし，それぞれの対辺の長さを $a$，$b$，$c$ とする．$b=\sqrt{2}$，$c=2$，かつ，$\sin A+(\sin B-\cos B)\sin C=0$ のとき，$A$ の値を求めよ.

(2) 連立不等式

$$\begin{cases} a^{2x-4}-1<a^{x+1}-a^{x-5} \\ 3\log_a(x-2)\geqq 2\log_a(x-2)+\log_a 5 \end{cases}$$

について，以下の問いに答えよ．ただし，$a$ は正の定数で $a\neq 1$ とする.

(a) 連立不等式を満たす実数 $x$ が存在するような $a$ の範囲を求めよ．

(b) 連立不等式を満たす実数 $x$ の範囲を求めよ．



## 選択問題

【問 4】,【問 5】のいずれか 1 問を選択し，解答せよ．

【問 4】

$n$ を自然数とする．実数全体を定義域とする $x$ の関数

$$f_n(x) = \sum_{k=0}^{n} (-1)^k (k+1) x^{n-k}$$

について，以下の問いに答えよ．

(1) $f_2(x)$ の最小値を求めよ．

(2) $f_4(x)$ の最小値を求めよ．

(3) $n$ が偶数のとき，$f_n(x)$ の最小値を $n$ の式で表せ．

【問 5】

$-\dfrac{\pi}{2} < x < \dfrac{\pi}{2}$ において定義される関数

$$f(x) = \frac{3}{4}(\cos x)\log(\cos x) - \frac{3}{4}\cos x + \int_0^x (\cos t)\log(\cos t)\,dt$$

について，以下の問いに答えよ．

(1) 導関数 $f'(x)$ を求めよ．

(2) 関数 $f(x)$ の最小値を求めよ．

## スポーツ科学部：一般選抜（共通テスト＋小論文方式）

# 問 題 編

### ▶試験科目・配点

| 試験区分 | 教 科 | 科 目 | 配 点 |
|---|---|---|---|
| 大学入学共通テスト | 外国語 | 英語 | 100点 |
| | 数学または国語 | 「数学Ⅰ・数学A」または国語 | 100点 |
| 個別試験 | 小論文 | | 50点 |

### ▶備 考

- 共通テストの英語はリーディング100点，リスニング100点の合計200点を100点に，国語（古典〈古文，漢文〉を含む）は配点200点を100点に換算する。
- 共通テストの数学と国語を両方受験している場合は，得点の高い方の成績を大学側で自動的に抽出し，合否判定に利用する。

### ▶合否判定

- 上記共通テストの得点（2教科2科目：配点200点）と個別試験（小論文）の得点（配点50点）を合算して，合否を判定する。
- 小論文の得点が基準点に満たない場合は，不合格となる。

# 小論文

（90分）

この世からスポーツがなくなったらどうなるか。601字以上1000字以内で論じなさい。

# 2023年度

# 問題編

## ■人間科学部：一般選抜（文系方式・理系方式）

### ▶試験科目・配点

| 方式 | 教　科 | 科　　目 | 配　点 |
|---|---|---|---|
| 文系方式 | 外　国　語 | コミュニケーション英語Ⅰ・Ⅱ・Ⅲ，英語表現Ⅰ・Ⅱ | 50 点 |
| | 地歴・数学 | 日本史Ｂ〈省略〉，世界史Ｂ〈省略〉，「数学Ⅰ・Ⅱ・Ａ・Ｂ」〈省略〉のうちから１科目選択 | 50 点 |
| | 国　　語 | 国語総合，現代文Ｂ，古典Ｂ | 50 点 |
| 理系方式 | 外　国　語 | コミュニケーション英語Ⅰ・Ⅱ・Ⅲ，英語表現Ⅰ・Ⅱ | 50 点 |
| | 数　　学 | 数学Ⅰ・Ⅱ・Ⅲ・Ａ・Ｂ | 50 点 |
| | 理　　科 | 「物理基礎，物理」〈省略〉，「化学基礎，化学」〈省略〉，「生物基礎，生物」〈省略〉のうちから１科目選択 | 50 点 |

### ▶備　考

- 出願時に文系方式または理系方式のどちらかを選択する。
- 数学Ｂは「確率分布と統計的な推測」を除く。

# 英語

(90分)

**I** 次の英文(i)～(viii)を読んで，設問1～25の解答として最も適当なものを，(A)～(D)の中から選びなさい。

(i) An innovative new paid internship program recently announced by the Bronx Brewery addresses one of the craft brewing industry's most glaring issues: its lack of diversity. If successful, it could provide a framework that others in the trade could use to expand their businesses' scope and reach.

By partnering with Beer Kulture, the St. Petersburg, Florida, based non-profit dedicated to fostering diversity, equity, and inclusion in the craft beer industry, they have created a program that is explicitly targeting individuals underserved in the industry. Kicking off in March, the program will offer a two-month paid internship to six individuals from BIPOC (i.e., Black, Indigenous and people of color) groups and recently jailed people.

The program only adds to the momentum that the craft brewing community has been building over the last few years. In 2018, the Brewers Association trade group appointed their first-ever diversity czar to address issues in the industry. Then last year saw one of the most successful collaboration beer projects ever, Black Is Beautiful, that shined a bright light ( A ) the diversity problem.

Diversity in craft beer is an issue that needs attention according to a 2019 survey of its members released by the Brewers Association. It showed that 88% of the brewery owners responding were white and that only 7% of them fell under the BIPOC label, while only 1% were Black.

1. Choose the best word to put in the space marked ( A ) in the third paragraph.
(A) off　(B) on
(C) over　(D) through

2. Which word best describes the goal of the craft brewing industry's latest internship program?
(A) Appointing　(B) Brewing
(C) Diversifying　(D) Partnering

3. Which group is NOT explicitly targeted in the latest internship program?
(A) BIPOC　(B) Criminals
(C) Students　(D) None of the above

4. What is the main idea of this passage?
(A) Beer brewers target diverse customers.
(B) Craft brewing industry is trying to diversify.
(C) Diversification efforts bring big results.
(D) More BIPOC people are brewing craft beer.

(ii) Southern Indiana's popular Brown County State Park has been added to the National Register of Historic Places, making it the state's largest historic district. The park's recent addition to the National Register is "a great honor" said Patrick Haulter, the interpretive naturalist for the 16,000-acre park, which features rugged hills, ridges and fog-shrouded ravines. "It really speaks to how important this park is, not only to the people who live here, but to everyone," he said in a news release from the Indiana Department of Natural Resources (DNR).

Brown County State Park opened in 1929 near Nashville, a rustic town that's the county seat. It's Indiana's largest state park and one of its most popular, particularly in the autumn when hordes of visitors converge on the forested park to witness its vivid fall foliage.

Indiana Landmarks staff authored the park's National Register nomination in partnership with the DNR and supported by the local preservation group Peaceful Valley Heritage. That nomination documented nearly 70 buildings, sites, and structures that contribute to the park's historical significance, including structures built in the 1930s by the Great Depression-era Civilian Conservation Corps. The park includes the Abe Martin Lodge and overnight cabins, along with shelters, vistas, trails, and Ogle Lake, as well as a lookout tower. "The natural and built environment blend seamlessly at Brown County State Park, making it a place that is cherished by all Indiana residents," said Mark Dollase, Indiana Landmarks' vice president of preservation services.

5. Which of the following does NOT describe Brown County State Park?
(A) First state park on National Register
(B) Historically significant
(C) Largest park in the state
(D) State's biggest historic district

6. What makes Brown County State Park so popular with tourists?
(A) Autumn leaves　(B) Camping options
(C) Close to Nashville　(D) Rustic atmosphere

7. How did the Park get on the National Register of Historic Places?
(A) Cooperation between local groups and the DNR
(B) Documented historical significance
(C) Great Depression-era structures
(D) All of the above

(iii) The history of dogs has been intertwined, since ancient times, with that of the humans who domesticated them. But how far back does that history go in the Americas, and which route did dogs use to enter this part of the world? A new study led by the University at Buffalo provides insight ( A ) these questions. The research reports that a

出典追記：(ii) Associated Press

bone fragment found in Southeast Alaska belongs to a dog that lived in the region about 10,150 years ago. Scientists say the remains—a piece of a femur—represent the oldest confirmed remains of a domestic dog in the Americas.

DNA from the bone fragment holds clues about early canine history in this part of the world. Researchers analyzed the dog's mitochondrial genome, and concluded that the animal belonged to a lineage of dogs whose evolutionary history diverged from that of Siberian dogs as early as 16,700 years ago. The timing of that split coincides with a period when humans may have been migrating into North America along a coastal route that included Southeast Alaska.

"We now have genetic evidence from an ancient dog found along the Alaskan coast. Because dogs are a proxy for human occupation, our data help provide not only a timing but also a location for the entry of dogs and people into the Americas. Our study supports the theory that this migration occurred just as coastal glaciers retreated during the last Ice Age," says Dr. Lindqvist, associate professor of biological sciences in the University at Buffalo College of Arts and Sciences. "There have been multiple waves of dogs migrating into the Americas, but one question has been, when did the first dogs arrive? And did they follow an interior ice-free corridor between the massive ice sheets that covered the North American continent, or was their first migration along the coast?"

8. Choose the best word to put in the space marked ( A ) in the first paragraph.

(A) into　(B) on
(C) over　(D) through

9. What does this find reveal about migration to the Americas?

(A) What route dogs took to get there.
(B) When humans may have arrived.
(C) When domestic dogs may have arrived.

出典追記：How did dogs get to the Americas? An ancient bone fragment holds clues, University at Buffalo News Center on February 23, 2021 by Charlotte Hsu

(D) All of the above

10. How many waves of dog migration were there into the Americas?

(A) One　　(B) Two

(C) Three　　(D) Not enough information given

(iv) A fresh examination has revealed new details about the first black hole ever detected which was spotted in 1964 and became the subject of a friendly wager between renowned scientists including that it is bigger than previously known. Researchers said on Thursday that new observations of the Cygnus X-1 black hole, orbiting in a stellar marriage with a large and luminous star, showed it is 21 times our sun's mass, about 50% more massive than previously believed. While it is still one of the closest-known black holes, they found it is somewhat farther ( A ) than previously calculated, at 7,200 light years—the distance light travels in a year, 5.9 trillion miles or 9.5 trillion kilometers—from Earth.

Black holes are extremely dense, with gravitational pulls so ferocious not even light escapes. Some—the "supermassive" black holes—are immense, like the one at our Milky Way galaxy's center 4 million times the sun's mass. Smaller "stellar-mass" black holes possess the mass of a single star. Cygnus X-1 is the Milky Way's largest-known stellar-mass black hole and among the strongest X-ray sources seen from Earth, said astronomer James Miller-Jones of Curtin University and the International Centre for Radio Astronomy Research in Australia. This black hole spins so rapidly, nearly light speed, that it approaches the maximum rate envisioned under physicist Albert Einstein's theory of general relativity, Miller-Jones added. It devours material blowing from the surface of the companion star it tightly orbits, a "blue supergiant" about 40 times our sun's mass. It started its existence 4 million to 5 million years ago as a star up to 75 times the sun's mass and collapsed into a black hole a few tens of thousands of years ago.

出典追記：Reuters

11. Choose the best word to put in the space marked (　A　) in the first paragraph.

(A) across　　(B) away
(C) to　　(D) None of the above

12. What were scientists betting on regarding Cygnus X-1?

(A) How big it is　　(B) When it was detected
(C) Who saw it first　　(D) All of the above

13. How big is the Cygnus X-1 black hole?

(A) 21 times bigger than previously thought
(B) 50% larger than previously believed
(C) 75 times the sun's mass
(D) About 40 times our sun's mass

(v) Although people define digital well-being in different ways, digital well-being generally is thought to be the extent to which our digital lives help or hurt our well-being. So, digital well-being can involve the physical tools we use to manage the amount of time we spend online, the behaviors we decide to engage in while online, and the emotional tools we use to manage our experiences online.

Google's Digital Well-Being App is one tool that can help people better understand how they spend their time online and how to disconnect more often. It shows you how often you use different apps, how often you check your phone, and it allows you to set limits that can help protect your sleep and focus. Knowing your current digital habits is a good step in understanding yourself. And setting limits can indeed be helpful for well-being. But if a digital well-being tools' primary purpose is to help us be on our phone less, this means that it has an inherent assumption that more digital interactions lead to worse well-being and the research does not support this assumption.

Although movies like *The Social Dilemma* point to clear problems with the ways in which Internet apps are being developed, these leave out important information that can help you better improve your digital well-being. Indeed, app designers are trained in psychological techniques that get users addicted and reliant upon these apps for a sense of connectedness, emotion regulation, and just surviving in the modern world. This can be especially problematic for those prone to addictions and can significantly hurt the well-being of some people. But the research shows that some apps improve well-being for some people, and in some circumstances. In fact, Hopelab published a fascinating study showing that youth who suffer from depression benefited from accessing other people's health stories through blogs, podcasts, and videos. Overall, research reviews suggest that technology use is not bad for all and not bad in all circumstances.

14. Which of the following is NOT connected to digital well-being?
(A) Behaviors　(B) Emotional tools
(C) Physical tools　(D) Psychological tools

15. Which of the following is Google's Digital Well-Being App NOT able to do?
(A) Check how often different apps are used.
(B) Confirm which apps are active the longest.
(C) Establish limits on mobile phone use.
(D) Monitor how frequently you check your phone.

16. What is a conclusion one can reach from this passage?
(A) Accessing others' experiences through social media can be helpful.
(B) More digital interactions lead to worse well-being in young people.
(C) Psychological techniques can enhance our digital well-being.
(D) Those prone to addictions should avoid communication technologies.

(vi) A font called Sans Forgetica was designed to enhance people's memory for information displayed in that font compared to reading

出典追記：(v) What Is Digital Well-Being?, Psychology Today on February 22, 2021 by Tchiki Davis

information in an ordinary font such as Arial. But scientists from the University of Warwick and the University of Waikato in New Zealand have discovered that Sans Forgetica does not enhance memory. These scientists carried ( A ) four experiments comparing Sans Forgetica's alleged powers to those of ordinary fonts and found Sans Forgetica did not help.

The Sans Forgetica font has received much press coverage, after researchers in Australia claimed they had designed a new font that would boost memory by making information that appeared in the new font feel more difficult to read and therefore remembered better. The original team conducted a study on 400 students and found that 57% remembered facts written in Sans Forgetica whereas 50% remembered facts written in Arial. But a team of scientists led by the University of Waikato, New Zealand, and involving the University of Warwick, has just presented their new findings in a paper published in the journal *Memory*. After four experiments, they found no evidence of memory-boosting effects.

17. Choose the best word to put in the space marked ( A ) in the first paragraph.

(A) away　(B) on
(C) out　(D) over

18. How was Sans Forgetica supposed to increase one's ability to remember information?

(A) Increasing reading speed　(B) Making reading harder
(C) Modifying Arial font　(D) All of the above

19. What is the best description of Sans Forgetica's ability to enhance memory?

(A) Alleged　(B) Boosted
(C) Designed　(D) Discovered

(vii) Chris Mazurek was a freshman in college when he had a dream

出典追記：(vi) Previously claimed memory boosting font "Sans Forgetica" does not actually boost memory, Warwick News&Events on May 28, 2020

that he was inside the Legends of Zelda video game. He saw himself as the main protagonist, Link, in third person. Suddenly, beeping noises came from inside the game. "That was my cue," Mazurek says. In reality, Mazurek was napping on a bed inside a laboratory during his third session of being induced into a lucid dream (in which you are aware, while dreaming, that what you are experiencing is in fact a dream) by a research team at Northwestern University in 2019. He was one of 36 participants in an international experiment that aimed ( A ) establish communication between the sleeping and awake.

Northwestern's research team had asked Mazurek to signal to them —while asleep— that he was having a lucid dream. Mazurek was to do this by moving his eyes left to right three times as quickly as he could. The team then asked Mazurek a simple math equation through a speaker: What is eight minus two? Still asleep, he moved his eyes back and forth, and gave "six" as his answer. "Answering them, I was half-dreaming I was in the video game and half where I was still in the lab," Mazurek says. "When I heard the math problem cue [in the dream], I realized I must still be asleep."

Researchers call the initial cue, asking the sleeper to confirm they were in a lucid dream, the "reality check." For Mazurek, that took place in Legends of Zelda. For another subject, the "reality check" appeared as flashing lights upon her dreamed-up childhood house. The flashing lights were, in reality, coming from inside the laboratory room while she slept.

20. Choose the best word to put in the space marked ( A ) in the first paragraph.

(A) at (B) by

(C) for (D) to

21. What was the meaning of the beeping noises in Chris Mazurek's dream?

(A) Confirm he was having a lucid dream.

---

出典追記：Communicating with a dreaming person is possible, NOVA Next on February 20, 2021 by Dante Graves, WGBH Educational Foundation

(B) Show he scored points in the video game.

(C) Starting notes of the Legends of Zelda song.

(D) Time for him to answer a math problem.

22. What did Mazurek do to confirm he was having a lucid dream?

(A) Make beeping noises　　(B) Flash some lights

(C) Solve a math problem　　(D) None of the above

(viii) Australia's oldest rock painting is of the continent's most iconic animal: a kangaroo. At about 17,000 years old, it's the oldest painting yet discovered in Australia, scientists announced in a study published Monday. "This is a significant find, as through these initial estimates, we can understand something of the world these ancient artists lived in," lead author Damien Finch of the University of Melbourne said in a statement.

The kangaroo was painted using dark mulberry paint on the sloping ceiling of a rock shelter in the northeastern Kimberley region of western Australia. Other ancient paintings were found in the same region, researchers said. The Kimberley region is renowned for its rich rock art galleries, the Australian Broadcasting Corporation said. The naturalistic style analyzed in the study is one of the oldest of at least six distinct phases of paintings documented in the region.

The age of the paintings was determined by ancient wasp nests, of all things. Researchers found that some rock paintings had the remains of 27 wasp nests, which can be radiocarbon-dated, above and below the painted images. By dating the wasp nests, the authors were able to determine that the paintings were done 17,000 to 13,000 years ago. Finch said it was rare to find mud wasp nests overlying and underlying a single painting. Researchers were able to sample the nests to establish the minimum and maximum age for the artwork. "We radiocarbon-dated three wasp nests underlying the painting and three nests built over it to determine, confidently, that the painting is between 17,500 and 17,100 years old, most likely 17,300 years old," he said. "We can never know what was in the mind of the artist when he or she painted this piece of work more than 600 generations ago, but we do know that the Naturalistic period extended back into the last ice age, so the environment was cooler and drier than today," Finch said.

23. What did Australian scientists NOT find in western Australia?
(A) Kangaroos (B) Mulberry paint
(C) Rock painting (D) Wasp nests

24. How is the newly-discovered artwork described?
(A) Dated (B) Distinct
(C) Oldest (D) Rich

25. What is the best title for this passage?
(A) Artist of Australian Rock Painting Discovered
(B) Australia's Most Iconic Ancient Animal Found
(C) Kangaroo Subject of Oldest Rock Painting in Australia
(D) Mud Wasp Nests Helped Scientists Discover Ancient Art

# II

次の設問 26～40 の空所を補うものとして最も適当な語を，(A)～(K)の中から選びなさい。ただし，使われない語が含まれていることもあります。また，同じ語を繰り返して使うこともできます。空所に何も補う必要のない場合には(L)を選びなさい。

| (A) across | (B) at | (C) by | (D) down | (E) for | (F) in |
|---|---|---|---|---|---|
| (G) into | (H) off | (I) on | (J) out | (K) to | (L) NO WORD |

26. Carol always made time ＿＿＿ her family even though she was busy at work.

27. David was locked ＿＿＿ of his car yesterday when he accidentally left his keys inside.

28. I placed ＿＿＿ my briefcase by the door so I wouldn't forget to take it with me in the morning.

29. This house would be ideal if there was a good elementary school close ______.

30. We began work at 8:15 and knocked ______ at 12:30 for a well-earned lunch break.

31. Although Eric worked as quickly as possible, he ran ______ of time to finish his project.

32. The employees never had faith ______ the new CEO's ability to handle the job.

33. Restrictions ______ tourist visas have been removed so many people will visit this year.

34. As an only child, I was accustomed to sitting ______ the dining table with the adults.

35. Books ______ foreign authors on Japanese popular culture are receiving wide acclaim.

36. Cathy burst ______ tears when she heard she had won a blue ribbon at the fair.

37. Most people are adverse ______ take on too much debt in order to finance their home.

38. The restaurant staff must be ready to shut ______ if a state of emergency is called for our area.

39. Some people may have to reduce ______ their household expenses after the consumption tax increase.

40. The new national standards for indoor air quality went ______ effect last November.

## III

次の設問41～50のA～Dのうち，誤った英語表現を含んだ部分がある場合にはA～Dの中の一つを，誤りがない場合にはEを選びなさい。

41. Recently, I've been going (A) to the library (B) to study (C) Chinese for my upcoming vacation (D). NO ERROR (E)

42. We could stop by (A) a supermarket and buy ingredient (B) for making (C) pizza if you'd like (D). NO ERROR (E)

43. Can you imagine her (A) on the stage (B) singing in front of (C) a large group of cheering people (D)? NO ERROR (E)

44. After our flight will arrive (A), I should (B) call my parents (C) to let them know I'm home (D). NO ERROR (E)

45. Eva seemed (A) eager to (B) discuss about (C) her most recent trip to Paris and Madrid (D). NO ERROR (E)

46. I tried to fix (A) the cabinet but hit my thumb (B) with the hammer (C) and I was very painful (D). NO ERROR (E)

47. Parents should be careful (A) not to admit (B) their children to run (C) up and down the escalator (D). NO ERROR (E)

48. Rural areas have a slower (A) pace of life (B) whereas (C) urban areas offer convenient and excitement (D). NO ERROR (E)

49. Jill put the key (A) into the lock (B) and turned it clockwise (C) to unlock (D) the back door. NO ERROR (E)

50. I recommend (A) that you finish (B) writing your term paper now than postpone it (C) to the weekend (D). NO ERROR (E)

# 数学

〔注意事項〕

(1) **分数形で解答する場合の分母、および根号の中の数値はできるだけ小さな自然数で答えること。**

(2) **問1**から**問5**までの ア , イ , ウ , …にはそれぞれ、$-59$, $-58$, …, $-2$, $-1$, 0, 1, 2, …, 58, 59のいずれかが当てはまる。次の例にならって、マーク解答用紙の**ア**, **イ**, **ウ**, …で示された欄にマークして答えること。

例1　**ア**に3、**イ**に$-5$、**ウ**に30、**エ**に$-24$、**オ**に0と答えたいときは次のようにマークすること。

| | | 十の位 | | | | | 一の位 | | | | | | | | | |
|---|---|---|---|---|---|---|---|---|---|---|---|---|---|---|---|---|
| | − | 1 | 2 | 3 | 4 | 5 | 0 | 1 | 2 | 3 | 4 | 5 | 6 | 7 | 8 | 9 |
| ア | ○ | ○ | ○ | ○ | ○ | ○ | ○ | ○ | ○ | ● | ○ | ○ | ○ | ○ | ○ | ○ |
| イ | ● | ○ | ○ | ○ | ○ | ○ | ○ | ○ | ○ | ○ | ○ | ● | ○ | ○ | ○ | ○ |
| ウ | ○ | ○ | ○ | ● | ○ | ○ | ● | ○ | ○ | ○ | ○ | ○ | ○ | ○ | ○ | ○ |
| エ | ● | ○ | ● | ○ | ○ | ○ | ○ | ○ | ○ | ○ | ● | ○ | ○ | ○ | ○ | ○ |
| オ | ○ | ○ | ○ | ○ | ○ | ○ | ● | ○ | ○ | ○ | ○ | ○ | ○ | ○ | ○ | ○ |

例2　 カ $x^3+$ キ $x^2+$ ク $x+$ ケ に $-x^3+x^2-1$ と答えたいときは、 カ に$-1$、 キ に1、 ク に0、 ケ に$-1$を入れること。

# ◀理系方式▶

(60分)

【問1】

(1) $2, 3, 4, \cdots, 13$ の12個の整数の中から異なる2個を無作為に取り出したとき，それら2個の整数が互いに素となる確率は $\dfrac{\boxed{\text{ア}}}{\boxed{\text{イ}}}$ である．

(2) $x^2+x+1=0$ のとき，$x^{20}+x=\boxed{\text{ウ}}$ である．

(3) $5^{n+5}>11^n$ を満たす自然数 $n$ は $\boxed{\text{エ}}$ 個ある．ただし，$\log_5 11=1.49$ とする．

【問2】

不等式

$$\log_4(16-x^2-y^2) \geqq \frac{3}{2}+2\log_{16}(2-x)$$

を満たす点 $\mathrm{P}(x, y)$ の中で，$x$ 座標と $y$ 座標がともに整数であるものは $\boxed{\text{オ}}$ 個ある．このうち，$x$ 座標が最小となる点は $\left(\boxed{\text{カ}}, \boxed{\text{キ}}\right)$ である．

【問3】

座標空間における2点 $\mathrm{A}(2, -3, -1)$ と $\mathrm{B}(3, 0, 1)$ を通る直線を $l_1$ とし，直線 $l_1$ に関して点 $\mathrm{C}(1, 5, -2)$ と対称な点を D とすると，D の座標は $\left(\boxed{\text{ク}}, \boxed{\text{ケ}}, \boxed{\text{コ}}\right)$ である．また，点 D を通り $l_1$ と平行な直線を $l_2$ とし，点 P が直線 $l_2$ 上を，点 Q が $xy$ 平面上の直線 $y=-x+4$ 上をそれぞれ自由に動くとき，$|\overrightarrow{\mathrm{PQ}}|^2$ の最小値は $\boxed{\text{サ}}$ である．

【問 4】

関数 $y = e^x \sin x$ は $x = a\ \ (0 < a < \pi)$ において極値をとる．このとき，$a = \dfrac{\boxed{シ}}{\boxed{ス}}\pi$ である．また，曲線 $y = e^x \sin x\ \ (0 \leqq x \leqq a)$ と 直線 $x = a$ および $x$ 軸によって囲まれた図形を $x$ 軸のまわりに 1 回転してできる立体の体積 $V$ は，

$$p = \frac{\boxed{セ}}{\boxed{ソ}} \text{として，} V = \frac{\boxed{タ}\, e^{p\pi} + \boxed{チ}}{\boxed{ツ}}\pi$$

である．

【問 5】

座標空間に点 C(0, 1, 1) を中心とする半径 1 の球面 $S$ がある．点 P(0, 0, 3) から $S$ に引いた接線と $xy$ 平面との交点を Q とする．$\overrightarrow{PC} \cdot \overrightarrow{PQ} = t|\overrightarrow{PQ}|$ と表すとき，$t = \boxed{テ}$ である．点 Q は楕円上にあり，この楕円を

$$\frac{(x+b)^2}{a} + \frac{(y+d)^2}{c} = 1$$

とするとき，

$$a = \boxed{ト},\ b = \boxed{ナ},\ c = \boxed{ニ},\ d = \boxed{ヌ}$$

である．

また，点 P に点光源があるとき，球面 $S$ で光が当たる部分を点 R が動く．ただし，球面 $S$ は光を通さない．このとき，線分 PR が通過してできる図形の体積は，

$$2\pi \cdot \frac{\boxed{ネ} + \boxed{ノ}\sqrt{\boxed{ハ}}}{\boxed{ヒ}}$$

である．

**問二十四**　この文章の内容に合致するものを次の中から**二つ**選び、解答欄にマークせよ。

**イ**　徐州の司戸柳雄は、隋代に授けられた官吏としての階級を偽って申告していたが、自らそれを認めなかった。

**ロ**　唐の太宗は、隋から政権を引き継ぐ際に、前の王朝で認められた位階官職を剝奪するため、自首を勧奨した。

**ハ**　大理少卿の戴冑は、法に従って太宗を諫めたが、太宗の合理的ではない法解釈によって、法司に左遷された。

**ニ**　むち打ち刑が死罪に当たるかどうか、戴冑と太宗が激しい議論を行ったが、死罪相当ではないと判断された。

**ホ**　唐の太宗は、いったん定めた死罪の決定に固執し、敵の攻撃の可能性を説きながら、喜んで死罪を決行した。

**ヘ**　唐の太宗は、戴冑の諫言は、法を遵守する精神にかない、むやみな極刑を避けられるとして、喜んで従った。

誅夷……討ちたいらげる。

問二十一　傍線部1「推得其偽将処雄死罪」の読み下し文として最も適切なものを次の中から一つ選び、解答欄にマークせよ。

イ　すいしてそのいつはりなるをえ、まさにゆうをしざいにしよせんとす
ロ　そのいつはりなるをおしえて、まさにゆうをしよしてしざいとせんとす
ハ　すいするにまさにそのいつはりをしよせんとし、ゆうのしざいをえん
ニ　そのいつはりのしやうをおしえんとして、ゆうをしざいにしよさん
ホ　おしうるにそのいつはりは、しやうとしてゆうのしざいをしよさん

問二十二　空欄 a に入る文字として最も適切なものを次の中から一つ選び、解答欄にマークせよ。

イ　生　ロ　命　ハ　罰　ニ　死　ホ　去

問二十三　傍線部2「作色遣殺」の意味として最も適切なものを次の中から一つ選び、解答欄にマークせよ。

イ　顔色を変えて殺傷部隊の派遣を命じた
ロ　美しい顔色を見せて笑殺しようとした
ハ　怒りをあらわにして殺させようとした
ニ　情欲によって大理を悩殺しようとした
ホ　色彩豊かな甲冑部隊をさし向けさせた

(三) 次の文章を読んで、あとの問いに答えよ。なお、設問の都合上、返り点・送り仮名・読点を省いた箇所がある。

徐州司戸柳雄、於隋資妄加階級。人有告之者。陛下令其自首。不首与罪。遂固言是実、竟不肯首。1〈大理推得其偽将処雄死罪〉。少卿戴冑奏、法止合徒。陛下曰、我已与其断当訖。但当与死罪。冑曰、陛下既不然、即付臣法司。罪不合【a】、不可酷濫。2〈陛下作色遣殺〉。冑執之不已。至於四五、然後赦之。乃謂法司曰、但能為我如此守法、豈畏濫有誅夷。此則悦以従諫也。

(呉兢『貞観政要』による)

(注) 徐州……地名。今の山東省南東部と江蘇省北西部の地域。
司戸……地方行政区の役職。戸籍・田宅などを司る。　柳雄……人名。　陛下……唐の太宗に対する敬称。
大理……司法官。　少卿……次官職。　戴冑……人名。　徒……むち打ち刑。

**問十八** 空欄 c に入る語として最も適切なものを次の中から一つ選び、解答欄にマークせよ。

**イ** たらちね　**ロ** とてしも　**ハ** むばたま　**ニ** わが黒髪　**ホ** ありけむ

**問十九** 傍線部4「半臂詮なからまし」の現代語訳として最も適切なものを次の中から一つ選び、解答欄にマークせよ。

**イ** 半臂の句の反対の意味の歌になるだろう
**ロ** 半臂の句の意味が伝わらなくなるだろう
**ハ** 半臂の句の意が変わるだろう
**ニ** 半臂の句も効果がないだろう
**ホ** 半臂には例えられないだろう

**問二十** この文章の内容に合致するものを次の中から**二つ**選び、解答欄にマークせよ。

**イ** 俊恵は自分の和歌を遍昭のそれだと言って弟子の鴨長明の力を試そうとした。
**ロ** 俊恵は実力を試そうと鴨長明が覚えている和歌の重要な言葉を聞こうとした。
**ハ** 第三句に枕詞をうまく置いて言葉の休めにすると和歌に品位が備わってくる。
**ニ** 「半臂の句」とは万葉集時代の歌人が命名した和歌の重要な表現技法である。
**ホ** 思いを表現し尽くした歌を詠むためには一文字も無駄にできないものである。
**ヘ** 鴨長明は俊恵に対して「半臂の句」になぜ品位が備わっているかを説明した。

**イ**　俊恵から長明への敬意を表す助動詞
**ロ**　俊恵から遍昭への敬意を表す助動詞
**ハ**　長明から俊恵への敬意を表す助動詞
**ニ**　長明から遍昭への敬意を表す助動詞
**ホ**　長明から読者への敬意を表す助動詞

**問十六**　空欄 a ・ b に入る語の組み合わせとして最も適切なものを次の中から一つ選び、解答欄にマークせよ。

**イ**　a 光　b 池
**ロ**　a 月　b 山
**ハ**　a 影　b 谷
**ニ**　a 虹　b 田
**ホ**　a 水　b 峰

**問十七**　傍線部**3**「けすらひ」と同様の意味をもつ文中の語として最も適切なものを次の中から一つ選び、解答欄にマークせよ。

**イ**　境　**ロ**　興　**ハ**　飾り　**ニ**　華麗　**ホ**　余情

ず品となりて、姿を飾る物なり。姿に華麗極まりぬれば、またおのづから余情(よせい)となる。これを心得るを、境に入るといふべし。よくよくこの歌を案じて見給へ。半臂の句も詮(せん)は次のことぞ。眼(まなこ)はただ「 C 」といふ四文字なり。かくいはずは、4 半臂詮なからましとこそ見えたれとなむ侍りし。

（鴨長明『無名抄』による）

（注）俊恵……平安時代末期の歌人。鴨長明の歌の師。
遍昭僧正の歌……『後撰和歌集』によると出家した折りに詠んだ歌。　予……鴨長明。
半臂……束帯着用の際、袍(ほう)と下襲(したがさね)の間に着る短い衣。

**問十四**　傍線部1「たらちねはかかれとてしもむばたまのわが黒髪をなでずやありけむ」の内容を説明したものとして最も適切なものを次の中から一つ選び、解答欄にマークせよ。

**イ**　母は、幼い我が子が僧になることを願って髪を撫でてはいなかっただろうに。
**ロ**　母は、立派に育ってほしいと願い子の黒髪を撫でなかったはずはないだろうに。
**ハ**　母は、幼かった私が仏門に入れることを願いながら黒髪を撫でていただろうに。
**ニ**　両親は、剃り落とされた子の黒髪を悲しそうに見つめなかったはずはないだろうに。
**ホ**　両親は、歌人にするために育てたわけではないと後悔しないことはないだろうに。

**問十五**　傍線部2「れ」の説明として最も適切なものを次の中から一つ選び、解答欄にマークせよ。

ホ　ニューソートは進化論との融合を目指して学問的な成果をあげてきた。一方、考古学も進化論の有益な部分を取り込むべく、元々考古学にあった議論を基盤として積極的に両者の融合を図ってきており、批判意見は多いものの、その試みは近いうちに成功すると考えられる。

ヘ　ニューソートは進化論をうまく取り込んだように見えるが、それは宗教に端を発した運動が飾りとして利用しただけである。一方、考古学も進化論を取り込もうと試みているものの、まだ二つの領域が重なり合う点が得られたところであり、両学問の融合の道のりは長い。

## (二)

次の文章を読んで、あとの問いに答えよ。

俊恵、物語りのついでに問ひていはく、遍昭僧正の歌に、1「たらちねはかかれとてしもむばたまのわが黒髪をなでずやありけむ」。この歌の中に、いづれの言葉かことに勝(すぐ)れたる、覚えむままにのたまへといふ。予いはく、「かかれとてしも」といひて、「むばたまの」と休めたるほどこそは、ことにめでたく侍れといふ。かくなり、かくなり。はやく歌は境(さかひ)に2入られにけり。歌よみはかやうのことにあるぞ。それにとりて、「　a　」といはむとて「ひさかた」と置き、「　b　」といはむとて「あしびき」といふは常のことなり。されど、3初めの五文字にてはさせる興なし。腰の句によく続けて言葉の休めに置きたるは、いみじう歌の品(しな)も出でき、ふるまへるけすらひともなるなり。古き人、これをば半臂(はんぴ)の句とぞいひ侍りける。半臂はさせる用なき物なれど、装束の中に飾りとなるものなり。歌の三十一字、いくほどもなきうちに思ふことをいひ極めむには、空しき言葉をば一(ひと)文字なりとも増すべくもあらねど、この半臂の句はかなら

**問十二**　文章Bのテーマを体言止めで表現するとどうなるか。文章Bの本文中の表現を用いて**三十字以上三十五字以内**で記述解答用紙の解答欄に記せ。ただし、「物質性」「ニッチ」「考古学」「進化」の四語を必ず使うこと。なお、句読点や括弧・記号などが含まれる場合には、それぞれ一字分に数え、必ず一マス用いること。

**問十三**　以下の選択肢は、六名の大学生が文章A・Bを読解し、それをもとに考察した報告文の一部である。文章A・Bの内容を的確に捉えた学生の報告文として適切なものを次の中から**二つ**選び、解答欄にマークせよ。

**イ**　ニューソートは進化論の目的論的な思考法を取り込むことで自説を強化することができた。一方、考古学もまだ否定的な知見がいくつかあるものの、合意の得やすい進化論の目的論的な捉え方によって文化を分析し、これまでの学問の枠組みを越えることが期待されている。

**ロ**　ニューソートは進化論の自然科学的な考え方との融合に成功した。一方、考古学は、積極的に進化論を取り入れようとする学派とそれに批判的な学派の間での論争に決着がつき、進化論との融合は困難になってしまったので、ニューソートのしたたかさを学ぶべきであった。

**ハ**　ニューソートは進化論の一部を都合よく取り入れて自らの権威づけに利用してきた。一方、考古学は自領域ですでに確立してきた方法の議論と進化論の議論を共有するという丁寧な方法で理論的な整合性をとろうとしており、今後の両学問の結合の展開を注視していきたい。

**ニ**　ニューソートは進化論を使いこなす術をよく理解しており、学問の融合を成功させた事例として評価できる。一方、考古学は進化論を自らの理論の中に取り入れるために多くの労力を割く人もいれば、批判的な研究者も多く、学問的な対立に明け暮れていて、評価できない。

ロ　生物体が環境に働きかけ、環境を作り替える
ハ　モノがヒトに働きかけ、ヒトを作り替える
ニ　生物体が環境に働きかけ、生物体を作り替える
ホ　環境が生物体に働きかけ、環境を作り替える
ヘ　ヒトがモノに働きかけ、モノを作り替える

問十一　文章Bの傍線部6「物質性を巡る議論と似たところがある」とあるが、それはなぜか。その理由として最も適切なものを次の中から一つ選び、解答欄にマークせよ。

イ　生物が改変した環境を進化のもたらした帰結ではなく、進化の過程として捉えることで、主体である生物の進化に環境が影響を与えるという構図を理解可能になったことが、物質性を巡る議論の構造と似ているから。
ロ　学習環境の構築というニッチ構築を進化の結果ではなく、進化の途上での事象として捉えることで、物質文化や規範の継承から主体性を重視する議論に変えられたことが、物質性を巡る議論の構造と似ているから。
ハ　ヒトの活動をスズメバチにみられる単純な進化ではなく、生物進化の過程の一コマであると捉えることで、最近の考古学と進化生物学の緊密な関係が明白になってきたことが、物質性を巡る議論の構造と似ているから。
ニ　人間が土器に文様を施すことを進化のアウトプットではなく、文化進化に必要な事項として捉えることで、人間集団のネットワーク化の過程を解明できるようになったことが、物質性を巡る議論の構造と似ているから。
ホ　人間による耕地の開拓を進化の文脈ではなく、進化の途中での出来事として捉えることで、多くの人口を扶養可能な食文化の形成を理論的に説明できるようになったことが、物質性を巡る議論の構造と似ているから。

ホ　モノの類似度が低下する→集団がモノの類似度を高めようとする→その類似したパターンが集団のアイデンティティを確立する

問九　文章Bの傍線部5「ヒトとモノの関係をヒト→モノという一方向に限定しない、物質性に関わる議論」とあるが、それはどういう議論か。その説明として最も適切なものを次の中から一つ選び、解答欄にマークせよ。

イ　ヒトとモノは相互に依存し合う関係にあるので、それぞれの物理的側面に着目をして考古遺物の有用性を検討し直すべきという議論。

ロ　ヒトはモノを作る一方でモノの機能ではなく歴史的意味を重視するという特徴から、モノへのこだわりを大切にすべきという議論。

ハ　ヒトとモノとの複雑なネットワークの理解のためには、モノの物質性をヒトの心理的な側面を中心にして解釈すべきという議論。

ニ　ヒトとモノとの複雑なネットワークの捉え方を、ポストプロセス考古学の延長とみるか古い議論の焼き直しとみるべきかという議論。

ホ　ヒトがモノを作り出すことだけでなく、産み出したモノがヒトの活動に影響を与えるフィードバックループも重視すべきという議論。

問十　文章Bの空欄［ f ］に入る表現として最も適切なものを次の中から一つ選び、解答欄にマークせよ。

イ　環境が生物体に働きかけ、生物体を作り替える

ロ　モノはヒトにただ使用されるだけの存在にとどまらず、モノ自体がヒトの生活や文化のあり方を変えていくようになるということ。

ハ　モノはヒトの心理的活動の産物としてだけでなく、たとえば土器の文様がヒトの活動の記録として後世に伝わるようになるということ。

ニ　モノはヒトの産物である以上に、集団の伝統的習慣や規範を構築するので、過去の人間活動を復元するのに役立つということ。

ホ　モノはヒトによって作り出され、消費、破壊・放棄されるのみならず、現在の人間活動を理解するための考古遺物であるということ。

問八　文章Bの空欄 e に入る表現として最も適切なものを次の中から一つ選び、解答欄にマークせよ。

イ　集団の文化の結束性が強化される→集団に固有な文様を施す規範を守ろうとする→集団のアイデンディティに強く結びつく

ロ　集団によりモノの物質性が強化される→その物質性が集団のアイデンティティを強固にする→集団が多様なモノを作り出す

ハ　類似したパターンが集団のアイデンティティを形成する→その類似したモノがヒトを豊かにする→ヒトの文化の多様性が高くなる

ニ　集団が類似したモノを生み出す→その類似したパターンが集団のアイデンティティを強化する→モノの類似度がさらに高まる

**問六**　文章Aの内容に合致するものを次の中から**二つ**選び、解答欄にマークせよ。

**イ**　進化論は目的論的な思考方法を内包しつつも自然科学のなかで確固たる地位を占めるまで発展したが、それがゆえに、ニューソートは機械論的な思考方法を援用することができた。

**ロ**　自己啓発の源流にあたるニューソートが「進化」という用語を何度も使っていたことに著者は強い衝撃を受けたものの、その運動の広まりを肯定し、一定の理解を示している。

**ハ**　最近出版されている多くのビジネス書の背景には、ダーウィンをベースとする唯物論的な社会進化論があり、専門家以外にもわかりやすく、理解が促される工夫がなされている。

**ニ**　ニューソートやその思想の延長上にあるビジネスパーソン向けの自己啓発書の多くは目的論的な思考を必要としているので、都合よく改変を施した進化論は非常に便利であった。

**ホ**　進化論は何らかの目的に適っているように振る舞っている生物の性質を、目的論を完全に捨てることなく、唯物論的な近代科学の枠組みの範囲で理解することに成功した。

**ヘ**　あらゆる事物は何らかの目的を実現するためにあると推論する科学である目的論と、唯物論的な科学である進化論は相互依存的な関係にあり、ニューソートはそれを利用した。

**問七**　文章Bの傍線部4「ヒトの従属的対象を超え、モノは主体的役割を果たすようになる」とあるが、その説明として最も適切なものを次の中から一つ選び、解答欄にマークせよ。

**イ**　モノはヒトが期待する機能を持っているほかに、ヒトの生活を変え、親世代から子世代へと受け継がれやすくなる機能を持つということ。

ニ　たとえば、X、Y、Zという存在が、それぞれ独自の進化を続けても構わないということ。

ホ　たとえば、X、Y、Zという存在が、それぞれどの文化にも属すことができないということ。

**問三**　文章Aの空欄 a ・ b ・ c には対比的な語句が入る。それぞれに入る語句として適切なものを文章Aの本文中から**三字以内**で抜き出し、記述解答用紙の解答欄に記せ。同じ語句を二度用いてもよい。なお、句読点や括弧・記号などが含まれる場合には、それぞれ一字分に数え、必ず一マス用いること。

**問四**　文章Aの傍線部3「自然を目的論化した」とあるが、その意義として最も適切なものを次の中から一つ選び、解答欄にマークせよ。

イ　ニューソートは、直感的に理解しやすい目的論的な教義を中心におきつつ、科学的であるように装えたこと。

ロ　ニューソートは、なじみにくい自然科学を目的論的な主張で巧みに上書きし、科学の一員になりえたこと。

ハ　ニューソートは、アリストテレス流の自然観をその基盤に据え、目的論的な科学の再興を目指せたこと。

ニ　ニューソートは、目的論的な自然科学を唯物論的に理解し、あたかも科学的な教義であると自称できたこと。

ホ　ニューソートは、進化論の自然科学的側面を批判し、目的論こそが科学の本質であると説明できたこと。

**問五**　文章Aの空欄 d には著者が文章Aの題目でも使用している表現が入る。空欄 d に入る表現として適切なものを文章Aの本文中から**十一字以上十五字以内**で抜き出し、記述解答用紙の解答欄に記せ。なお、句読点や括弧・記号などが含まれる場合には、それぞれ一字分に数え、必ず一マス用いること。

かれている。とはいえ、それほどに肯定的な扱いにも見えない。このように、考古学の中における進化論の位置づけは、まだ微妙なものであるようだ。

（中尾央「考古学と進化論」による）

（注）Hodder（2012）……「著者名（発表年）」は、論文や書籍を引用する際の表記法の一つである。以降も同様である。

ポストプロセス考古学……Hodderが始めた考古学の一学派。

controversial……議論の余地がある、異論が多い。

**問一**　文章Aの傍線部1「後ろ盾」とあるが、これと同様の意味で著者が用いている語句を文章Aの本文中から**三字以上五字以内**で抜き出し、記述解答用紙の解答欄に記せ。なお、句読点や括弧・記号などが含まれる場合には、それぞれ一字分に数え、必ず一マス用いること。

**問二**　文章Aの傍線部2「相対的な独立性」とあるが、その説明として最も適切なものを次の中から一つ選び、解答欄にマークせよ。

**イ**　たとえば、X、Y、Zという存在が、それぞれ互いに干渉しあってはならないということ。

**ロ**　たとえば、X、Y、Zという存在が、それぞれ別次元にあり続けるほうがよいということ。

**ハ**　たとえば、X、Y、Zという存在が、それぞれ一定以上の距離を保っているということ。

摘されている。製作に複雑な技術が必要な石器などの人工物を、一から各自が考案・工夫するのは非常に困難だが、製作の模範となるような教師がいれば、その技術の継承も格段に容易になるだろう。実際、伝統的社会では直接的な指導を行わずとも、環境を整えてやることで、学習を促進するようなケースが多くみられる。たとえば教師になる熟練した製作者が、未熟な若者を周りに集めて、その前で石器を製作するだけでも、若者にとっては非常によい学習機会になるだろう。こうした学習を通じ、複雑な文化やさまざまな規範が世代を超えて継承されてきたのかもしれない。

このように、ニッチ構築理論はさまざまな形で考古学にとっても有用な理論である。また、O'Brien のようにもとより進化論に近い考古学者だけでなく、進化論には否定的なポストプロセス考古学をリードしてきた Hodder さえ、ニッチ構築理論には一定の歩み寄りを見せている点も重要だろう。こうした点を踏まえれば、現状ではかなりの程度、ニッチ構築理論が考古学でも抵抗なく受け容れられる可能性を示していると考えられる。

ここまで、物質性を巡る議論とニッチ構築理論の親和性を概観してきた。上記の議論が示すように、考古学と進化論については、これまで以上に広い合意を可能にするような接点が見出されつつある。

ただ、こうした接点が見出され始めて一〇年を経るが、現状では多くの研究者はまだまだ進化論と一定の距離を置こうとしているように見えるのも確かである。たとえば Johnson（2020）というある種の教科書的な書籍で、進化論は二章に亘って議論されているものの、ここではまだ進化論的なアプローチが考古学・人類学の中で非常に'controversial'なものとして位置づけられている。ただ、具体的にあげられる批判は Shanks and Tilley（1987）によるものだけである。Shanks と Tilley はポストプロセス考古学の旗手の中でもある種の過激派であり、かねてより進化論的アプローチに非常に懐疑的な研究者である点には注意が必要だろう。また同じく教科書的な書籍である Renfrew and Bahn（2020）においても、進化論的視点はプロセス考古学の流れの中で位置付けられ、幾ばくかのスペースが割

の進化的フィードバックループは、ヒトの活動とモノとの間のフィードバックループと類比的に捉えることが可能だろうし、拡張された表現型という従来の見方にもあった、環境への働きかけをあくまでも進化の「産物」としか見なさない姿勢を、進化の「プロセス」の中に組み込んだという点でも6物質性を巡る議論と似たところがある。

ニッチ構築理論については、提唱された当初、懐疑的な目で見られるか、そこまで大きな注目も浴びてこなかったような印象もあるが、現在の進化生物学では、少なくともある程度の支持を集めているようには見える。先述した「拡張された総合説」についてもまだまだ議論の余地があるとはいえ、八〇〇件以上の引用が示すように、それなりに注目を集めていることは確かである。

さらに、こうしたニッチ構築は、当然考古学とも密接な関係にある。現在世界中の多くの人々が、遊動性の狩猟採集生活を捨て、何らかの形で農耕などの栽培作物に頼って生活している。農耕などによって改変された環境それ自体が、ヒトが作り出したニッチであり、ヒトはそのニッチに依存して生活しているわけである。もしこうした依存関係を破棄し、いきなり狩猟採集生活に戻れと言われても、大半のヒトは戻ることもできないだろうし、そもそも現在の人口を長く支えられるだけの動植物は地球上に存在しないだろう。このように、ヒトは自分たちの生活環境に働きかけ、それを変更して新たなニッチを作り出し、そこに依存して新しい文化を構築してきたわけである。

先述した Hodder でも、ニッチ構築理論はかなり好意的に扱われている。Hodder が重視するのはやはりモノの持つ主体性であり、ニッチ構築理論では、これまでの進化的アプローチにはなかったモノと生物の間のフィードバックループを重視する点が、彼の考える Entanglement theory に近いものだと捉えられている（もちろん、Hodder 自身はモノにさらに強い主体性を認めようとするわけだが）。

他にも、学習環境の構築というニッチの構築が、物質文化や規範などの継承に重要な役割を果たしてきた可能性が指

る焼き直しと見るべきかは議論の余地があるだろう（私はどちらかというと後者である）。ただし少なくとも、考古学、それもかねてより進化論的視点に批判的な、ポストプロセス考古学の旗手でもあるHodderの議論の中で、物質性を巡る議論が肯定的に評価されているのは重要である。なぜなら、後述するように、物質性を巡る議論とニッチ構築理論（niche construction theory）はかなり親和的な内容を持っているからだ。

進化論の中でも、上記のような物質性を巡る議論と親和的な主張がある。それがニッチ構築理論である。こちらもこ二〇年で注目を集めるようになった理論の一つであり、拡張された総合説（extended evolutionary synthesis）を主張するグループの鍵となる理論の一つでもある。ここではこのニッチ構築理論をごく簡単に概観しよう。

ではまず、ニッチ構築理論とはどのようなものだろうか。この理論の提唱者たちによる定義を確認しておこう。

ニッチ構築は、現在の時間的・空間的場所で環境因子を物理的に攪乱するか、現在とは異なる時間的・空間的場所に移動して異なる環境因子にさらされることによって、環境中の一つもしくは複数の要因を能動的に変化させ、自らの特徴と環境要因との関係に変更を加える事で生じる（Odling-Smee et al. 2003）。

大雑把な言い方をすれば、［　f　］（すなわち、ニッチを構築する）ことによって選択圧そのものを変えてしまう、というものである。たとえばスズメバチの幼虫は当然ながら巣の中でしか成長できない。これはワーカーが持ってきた餌に頼らざるをえないというだけでなく、温度や湿度の管理もしっかりとなされた巣でしか生き延びることはできないようである。もちろんながら、この巣はスズメバチ自身が作り出した環境であり、その環境に対して、スズメバチの幼虫は適応して進化しているわけである。

こうしたニッチ構築が、上述した物質性の議論と類似しているのは、（物質の主体性如何はさておき）生物が作り出したモノ的環境が、生物の進化そのものに大きな影響を与えているという点である。確かに、こうした生物とモノの間

活動の「遺物」「産物」として見なされてきたモノが、何らかの形で人間活動との間にある種のフィードバックループを作り出すという点は極めて重要であろう。実際、たとえばある地域で出土する考古遺物の類似性が、加速度的に高まっていく様子が見てとれたとしよう。もちろん何らかの外的要因がこうしたパターンを生み出す場合もあるが（その類似性を生み出す素材が容易に手に入るようになった、など）、［　e　］、というフィードバックループが原因である場合も考えられるだろう。

もう少し具体的な例で確認しておこう。たとえば**Hodder**（2012）は、こうした物質性の議論を援用し、考古学においてもヒトとモノのネットワーク的理解（これを彼は**entanglement**と呼んでいる）を重視すべきだと論じる。モノはヒトにも他のモノにも依存し、またヒトもモノや他のヒトに依存している。たとえば、**Hodder**がフィールドにしている**Çatalhöyük**という遺跡においては、何度も作り直されて長く使用される家とそうでない家があるという。こうした違いは、家の機能の差ではなく（実際、両者の間で大きさや有用性には違いがないようだ）、家に持たされた歴史的意味によると**Hodder**は考えている。そこに住む人たちがその家の歴史的意味を重視するがゆえに、家はわざわざ作り直され、長く使用される。家の作り直しにはさまざまなモノが必要であり（壁に塗る漆喰や、漆喰の原料を掘り出す道具など）、その意味において家を作るモノは他のモノに依存している。家の作り直しはもちろんヒトに依存するが、ヒトが家を作り直すのは、家が持つ歴史的意味のゆえである。そしてこの歴史的意味もまた、個人ではなくヒト同士の関係の中で生み出される。このように、ヒトとモノがお互いに依存し合い、複雑なネットワークを構成しているため、考古遺物もそのように理解すべきだというのが**Hodder**の主張である。こうした主張の中で、**5**ヒトとモノの関係をヒト→モノという一方向に限定しない、物質性に関わる議論が、一つの柱となっているわけである。

上記の主張を、**Hodder**が従来から展開してきたポストプロセス考古学の自然な拡張とみなすべきか、はたまた単な

**B**

ヒトはモノを作り出し、消費し、破壊・放棄する。モノはヒトの従属物であり、それ以上の何者でもない。こうした見方を否定し、ヒト社会におけるヒトが作り出したモノの役割を重視する、物質性（materiality）を巡る議論がここ二〇年ほど盛んになっているようだ。筆者はこの議論がどういった分野にどこまで浸透しているのか、またその議論がどのような哲学的含意を持ちうるのかについてはあまり把握していないし、たいした関心もないのだが、少なくとも考古学と進化論の接点を考察しようとする場合、こうした視点が重要になってくることだけは間違いないと考えている。

実際、考古学でも、物質性を巡る議論が重要視されている。考古遺物は名前の通り、人間活動の遺物であり、その遺物を詳細に観察・記述・分析することにより、生み出した人間活動を復元することが考古学の大前提であった。しかし、先述したように、ヒトが生み出したモノはヒトに従属するだけではない。むしろ、ヒトの活動にさまざまな影響を与えうるものである。

たとえば、一部の人間集団において、日常土器に一定の文様が施されるようになったとしよう。この習慣が始められた当初は、特に大きな意味もなく、何となく親世代から子世代に受け継がれていくだけかもしれない。しかし、ヒトというのは不思議なもので、こうしたただの伝統的習慣に何かしらの重要性を見出そうとするものである。すなわち、どこかの時点で「われわれは土器にはこのような文様を施す集団であり、この集団に属す限りは土器に対してこの文様を施すべきである」という規範が作り出される。そしてこの規範が、さらには集団としてのアイデンティティに結びつき、集団の結束度（≒さまざまな文化の類似性）を高めることにつながっていくこともある。

ここで、4単なるヒトの従属的対象を超え、モノは主体的役割を果たすようになる。土器の文様がヒトの活動を方向づけ、束縛するようになるのである。もちろん、これはヒトの心理的活動の産物に過ぎないかもしれない。しかし、人間

ニューソートと進化論のかかわりで私が注目するのは、目的論的思考に対する態度である。世界を目的論的に理解することは、われわれ人間にとって「自然」な、根深い認知傾向である。実際、一七世紀に科学革命が起こるまで、学問の世界においてもアリストテレス流の目的論的な世界観こそが「自然」なものであった。

その目的論を、自然科学で扱うことのできる対象に変えた——目的論を自然化した——のが、進化論（ダーウィニズム）である。進化論と目的論の関係は独特である。近代物理学は目的論をその理論から放逐したといえるかもしれないが、進化論はそうではない。進化論は、目的論を排除するのではなく、むしろそれを自然主義的な枠組みの中で扱えることを示した。これによって生物の合目的的な性質を自然主義的な研究プログラムのもとで理解できるようになったのである。

ニューソートはそうした進化論の特質（目的論の自然化）を逆転させた（自然の目的論化）。アリストテレス的世界観が自然を目的論化し、進化論が目的論を自然化したとすれば、ニューソートは当の進化論を用いて再び3自然を目的論化したといえる。これによってニューソートは、人間の認知システムにとって「自然」そのものである目的論的な教義を維持しながら、本来その教義にとっては「不自然」で扱いにくい科学の一員であるところの進化論を存分に活用するどころか、あまつさえそれをもって自らを科学的と自称することまでできたのである。

以上のように、強烈な目的論的世界観をもつニューソートにとって、目的論の扱いに長けた科学である進化論は、魔改造を施して活用するのにきわめて都合のよいアイテムであった。進化論のこうした活用法は、その後の新宗教や自己啓発、ビジネス書にいたるまで連綿と引き継がれている。そこにおいて進化論は、［ d ］として、いまなお重要な位置を占めているようである。

（吉川浩満「〈自然な科学〉としての進化論」による）

ているのだ、という自負がそこには感じられる。

そもそもニューソートの思想は、宇宙はいかなる形をもとりうるエーテル状の物質であり、人間が思考によって命令を下せばそのとおりの形になるという、高度にスピリチュアルなものである。それがなぜ、本来は唯物論的な自然科学である進化論をこうもあっさりと援用できたのか、そしてその進化論を通して[1]科学の後ろ盾を得る（と称する）ことができたのか。謎といえば謎である。

とはいえ、その謎を探るためにアマゾンの奥地にまでおもむく必要はない。われわれにとって進化論は自然科学ではなく〈自然な科学〉として（も）活用可能である、という点に着目することで、ニューソート（自己啓発）と進化論の親密な結びつきをよりよく理解できるようになるのではないか。これが私の考えである。

宗教に関する認知的研究を行う哲学者のロバート・マッコーレーは、次のような興味深い主張を行っている。すなわち、認知という観点からいえば、人間にとって自然であるのは宗教であり、おおむね不自然であるのは科学である、と。

ここで「自然」とは、それが人間にとって「なじみ深く、自明で、直感的で、あるいは反省なしにそれを抱いたりそれを実行したりする」という意味であり、「[2]特定の文化的インプットからの相対的な独立性」に基づいているという意味である。要するに、人間のもつ普遍的な性質＝人間本性＝ヒューマン・ユニヴァーサルズに適っている、ということだ。人間の認知システム（認知バイアス）に沿っているもの、といってもいい。

上記の観点からすれば、科学は人間にとって「　a　」な営みであるといえる。自然科学の名のとおり科学とは自然を研究する営みであるが、その遂行には人間の「　b　」な認知バイアスの欠陥を補うための「　c　」な思考、制度、慣習が多数必要である。専門研究者になるためには長年にわたるトレーニングをしなければならない。科学が不自然なものであるとはこのような意味である。

# 国語

（六〇分）

（一）次の文章A・Bを読んで、あとの問いに答えよ。なお、設問の都合上、表現を改めた箇所がある。

A

数年前、ビジネスパーソン向け自己啓発書――いわゆるビジネス書――に現れる進化論について検討したことがある。そこでは、ビジネス書の思想的背景をなしている社会進化論は、ダーウィンの進化論というより、資本主義の護教論としてのスペンサー流の発展的進化論であると論じた。

その後、自己啓発の源流といわれるニューソートについて調べる機会があった。ニューソートとは、禁欲を説いたカルヴァン主義への反発として一九世紀アメリカにおいて生じた宗教運動である。最大公約数的な教義をとりだすなら、「人間が心の中で強く思ったことは必ず現実化する」（ポジティヴ・シンキング）というものになるだろうか。

その際に強い印象を受けたのが「進化」という語の多用である。たとえば、ニューソート研究の基本書であるラーソン『ニューソート――その系譜と現代的意義』を開くと、初期の主導者のひとりヘンリー・ドラモンドの引用文では、わずか八行の文章に「進化」が五回も登場する。自身の教説には「進化論」という「科学」によるお墨付きが与えられ

## ■人間科学部：一般選抜（共通テスト＋数学選抜方式）

# 問題編

### ▶試験科目・配点

| 試験区分 | 教　科 | 科　　目 | 配　点 |
|---|---|---|---|
| 大学入学共通テスト | 外国語 | 英語，ドイツ語，フランス語，中国語，韓国語から1科目選択 | 40点 |
| | 地歴・公民 | 日本史B，世界史B，地理B，現代社会，倫理，政治・経済，「倫理，政治・経済」から1科目選択 | 20点 |
| | 数　学 | 「数学Ⅰ・数学A」 | 20点 |
| | | 「数学Ⅱ・数学B」 | 20点 |
| | 理　科 | 物理，化学，生物，地学から1科目選択<br>または<br>物理基礎，化学基礎，生物基礎，地学基礎から2科目選択 | 20点 |
| | 国　語 | 国語 | 20点 |
| 個別試験 | 数　学 | 数学Ⅰ・Ⅱ・Ⅲ・A・B* | 360点 |

### ▶備　考

【共通テスト】

- 外国語は配点200点（英語はリーディング100点，リスニング100点の合計200点）を40点に，国語（古典〈古文，漢文〉を含む）は配点200点を20点に，地歴・公民，数学，理科はそれぞれ配点100点を20点に換算する。
- 「地歴・公民」「理科（物理，化学，生物，地学）」において，2科目受験の場合は，第1解答科目の成績を合否判定に利用する。指定以外の科目を第1解答科目として選択した場合は，合否判定の対象外となる。
- 「理科」において，基礎を付した科目（2科目）は1科目として数える。基礎を付した科目（2科目）と基礎を付していない科目（1科目）の両方を受験した場合は，得点の高い方の成績を大学側で自動的に抽出し，合否判定に利用する。

【個別試験】

•「数学Ｂ」は「確率分布と統計的な推測」を除く。

＊数学は，設問の選択により，上記出題範囲のうち数学Ⅲを除く範囲のみでの解答も可能。

▶合否判定

上記共通テストの得点（５教科６科目：配点 140 点）と個別試験（数学）の得点（配点 360 点）を合算して，合否を判定する。

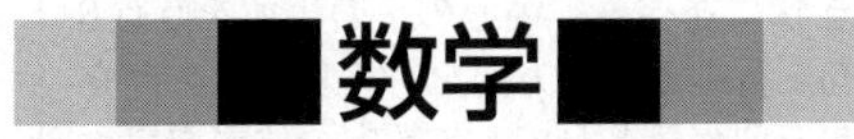

# 数学

(120 分)

(注)　問 4，問 5 はいずれか 1 問を解答する選択問題である。

## 必須問題

【問 1】から【問 3】のすべてに解答せよ．

【問 1】

(1) 表面に 1，7，17 の数字が書かれている 3 種類のカードがそれぞれ 3 枚，計 9 枚ある．これらの 9 枚のカードを裏返してよく混ぜ，A と B の 2 人のプレイヤーが 3 枚ずつとり，表面に書かれた数字の積をそのプレイヤーの得点とする．このとき，A と B の得点の最小公倍数が 2023 となる確率を求めよ．

(2) 連立不等式

$$\begin{cases} y \geqq x^2 - \dfrac{1}{4} \\ x^2 + y^2 \leqq 1 \end{cases}$$

で表される領域の面積を求めよ．

(3) 関数 $y = 2\sin\theta(2\cos\theta - 3\sin\theta)$　$\left(0 \leqq \theta \leqq \dfrac{\pi}{2}\right)$ の最大値と最小値を求めよ．

【問 2】

$[\,x\,]$ は $x$ を超えない最大の整数を表すものとする．連立方程式

$$\begin{cases} 2[\,x\,]^2 - [\,y\,] = x + y \\ [\,x\,] - [\,y\,] = 2x - y \end{cases}$$

を満たす実数 $x$，$y$ について，以下の問いに答えよ．

(1) $3x$，$3y$ はそれぞれ整数であることを示せ．

(2) $x$，$y$ の組をすべて求めよ．

【問 3】

(1) $2^{63}$，$7^{21}$，$17^{16}$ を大きい順に並べよ．

(2) 右図のように，自然数 $1, 2, 3, \cdots$ を 1 を中心として時計回りに渦巻き状に並べる．中心の 1 の場所を 0 行 0 列とし，上方向を行の正，下方向を行の負，右方向を列の正，左方向を列の負として，各数字の位置を表すものとする．例えば，数字 16 は $-2$ 行 $-1$ 列にある．以下の問いに答えよ．

| | | | | | | |
|---|---|---|---|---|---|---|
| | 21 | 22 | 23 | · | · | · |
| | 20 | 7 | 8 | 9 | 10 | · |
| | 19 | 6 | 1 | 2 | 11 | · |
| | 18 | 5 | 4 | 3 | 12 | · |
| | 17 | 16 | 15 | 14 | 13 | · |
| · | · | · | · | · | · | · |

(a) 数字 1000 は，何行何列の位置にあるか求めよ．

(b) $n$ を自然数とし，$n$ 行 0 列の位置にある数字を $a_n$ とするとき，$a_n$ を $n$ の式で表せ．

## 選択問題

【問 4】,【問 5】のいずれか 1 問を選択し，解答せよ．

【問 4】

(1) $0 \leqq x < 2\pi$, $k > 0$ とする．$(\cos x + 1)(\sin x + 1) = k$ の解の個数が 2 個となるような定数 $k$ の範囲を求めよ．

(2) $a$ を実数の定数とする．不等式 $(x+a)(x+1) \leqq 2$ について，以下の問いに答えよ．

(a) $a = 0$ のとき，この不等式を満たす整数 $x$ をすべて求めよ．

(b) この不等式を満たす整数 $x$ が，ちょうど3個となるような定数 $a$ の範囲を求めよ．

【問 5】

自然数 $n$ に対して，関数 $f_n(x)$ を

$$f_n(x) = \left(\frac{\log x}{x}\right)^n$$

と定義し，曲線 $y = f_n(x)$ の接線のうち，原点を通り，かつ傾きが正であるものを直線 $l_n$ とする．さらに，曲線 $y = f_n(x)$ と直線 $l_n$ の接点の $x$ 座標を $p_n$ とする．以下の問いに答えよ．

(1) 導関数 $f_n'(x)$ を求めよ．

(2) $p_n$ を求めよ．

(3) $\lim_{n\to\infty}\left\{(p_n)^n f_n(p_n)\right\}$ を求めよ．

## ■スポーツ科学部：一般選抜（共通テスト＋小論文方式）

### ▶試験科目・配点

| 試験区分 | 教　科 | 科　　　目 | 配　点 |
|---|---|---|---|
| 大学入学共通テスト | 外国語 | 英語 | 100点 |
| | 数学または国語 | 「数学Ⅰ・数学A」または国語 | 100点 |
| 個別試験 | 小論文 | | 50点 |

### ▶備　考

- 共通テストの英語はリーディング100点，リスニング100点の合計200点を100点に，国語（古典〈古文，漢文〉を含む）は配点200点を100点に換算する。
- 共通テストの数学と国語を両方受験している場合は，得点の高い方の成績を大学側で自動的に抽出し，合否判定に利用する。

### ▶合否判定

- 上記共通テストの得点（2教科2科目：配点200点）と個別試験（小論文）の得点（配点50点）を合算して，合否を判定する。
- 小論文の得点が基準点に満たない場合は，不合格となる。

# 小論文

（90分）

「退屈の意味」について，601字以上1000字以内で論じなさい。

# 2022年度

# 問題編

## ■人間科学部：一般選抜（文系方式・理系方式）

# 問題編

〔一般選抜〕

▶試験科目・配点

| 方式 | 教　科 | 科　　目 | 配　点 |
|---|---|---|---|
| 文系方式 | 外　国　語 | コミュニケーション英語Ⅰ・Ⅱ・Ⅲ，英語表現Ⅰ・Ⅱ | 50点 |
| | 地歴・数学 | 日本史Ｂ〈省略〉，世界史Ｂ〈省略〉，「数学Ⅰ・Ⅱ・Ａ・Ｂ」〈省略〉のうちから１科目選択 | 50点 |
| | 国　　語 | 国語総合，現代文Ｂ，古典Ｂ | 50点 |
| 理系方式 | 外　国　語 | コミュニケーション英語Ⅰ・Ⅱ・Ⅲ，英語表現Ⅰ・Ⅱ | 50点 |
| | 数　　学 | 数学Ⅰ・Ⅱ・Ⅲ・Ａ・Ｂ | 50点 |
| | 理　　科 | 「物理基礎，物理」〈省略〉，「化学基礎，化学」〈省略〉，「生物基礎，生物」〈省略〉のうちから１科目選択 | 50点 |

▶備　考

- 一般選抜（共通テスト＋数学選抜方式）は省略。
- 文系方式または理系方式のどちらかを選択する。
- 数学Ｂは「確率分布と統計的な推測」を除く。

# 英語

(90 分)

**I** 次の英文(i)～(viii)を読んで，設問 1 ～25 の解答として最も適当なものを，(A)～(D)の中から選びなさい。

(i) Music makes life better in so many ways. It elevates mood, reduces stress and eases pain. Music is heart-healthy, because it can lower blood pressure, reduce heart rate and decrease stress hormones in the blood. It also connects us with others and enhances social bonds. Music can even improve workout endurance and increase our enjoyment of challenging activities. The fact that music can make a difficult task more tolerable may be why students often choose to listen to it while doing their homework or studying for exams. But is listening to music the smart choice for students who want to optimize their learning?

A new study by Manuel Gonzalez of Baruch College and John Aiello of Rutgers University suggests that for some students, listening to music is indeed a wise strategy, but for others, it is not. The effect of music on cognitive functioning appears not to be "one-size-fits-all" but to instead depend, in part, on your personality—specifically, on your need for external stimulation. People with a high requirement for such stimulation tend to get bored easily and to seek out external input. Those individuals often do *worse*, paradoxically, when listening to music while engaging in a mental task. People with a low need for external stimulation, on the other hand, tend to improve their mental performance with music.

1. How might people with a high need for external stimulation improve their cognitive functioning?

出典追記：(i) Does Music Boost Your Cognitive Performance?, Scientific American on March 3, 2020 by Cindi May

(A) Listen to music
(B) Optimize learning
(C) Seek out external input
(D) Not enough information given

2. What type of learners benefit the most from listening to music?
(A) Have high need for external stimulation
(B) Have low need for external stimulation
(C) Tend to get bored easily
(D) Want to optimize their learning

3. What conclusion could one draw from this passage?
(A) Listening to music is an effective learning strategy.
(B) Many students listen to music to optimize their learning.
(C) The effect of music on cognitive functioning can vary.
(D) All of the above

4. What is the best title for this passage?
(A) Music and Cognitive Performance
(B) Music and Health Promotion
(C) Music and Learning Attitude
(D) Music and Stress Reduction

(ii) American robins (*Turdus migratorius*) set off on their migrations 12 days earlier than they did in 1994 due to warmer, dryer winters, say scientists. Ecologists writing in *Environmental Research Letters* tracked the birds' summer migrations from Mexico to Canada using GPS equipment. They found melting snow and warmer winters are causing flocks to leave their winter grounds earlier than they did in the past. In 2018, birds left 12 days earlier than they did in 1994 — suggesting migrations are moving forward by around five days a decade.

Each year, flocks of a dozen to several hundred robins migrate northwards across North America. While the species spend the winter across much of the continent, the birds rarely cross north into

Canada and Alaska until later in the year. According to observations made by the Lesser Slave Lake Bird Observatory (LSLBO), birds tend to arrive in these breeding grounds in late April.

Between 2016 and 2018, 55 robins netted in Slave Lake were equipped with miniature backpacks containing GPS technology to track them on their journeys from April to June, partway through their migration. These movements were compared to data on weather conditions, from snow depth and precipitation to wind speed and temperature. The researchers found birds took off earlier in years when the winter was warm and dry, with melting snow being the most consistent factor affecting birds' movements. While temperatures are increasing worldwide, warming in Canada is taking place at roughly twice the speed of the global average.

5. Based on these findings, about how much earlier might American robins have migrated in 2004 compared to 1994?
(A) 5 days (B) 10 days
(C) 12 days (D) None of the above

6. When are American robins more likely to arrive in Canada and Alaska?
(A) April (B) May
(C) June (D) None of the above

7. Which of the following is the most consistent factor in the timing of American robins' migration?
(A) Longer days (B) Melting snow
(C) Precipitation (D) Wind speed

(iii) Just what is a fossil, anyway? Whether the question is posed to 12-year-olds studying science or adults going about their daily business, many would struggle to explain. For Zulu-speaking South African schoolchildren working with science communicator Sibusiso Biyela, an added challenge has been not just grasping the concept in

出典追記：(ii) Climate Change Is Causing American Robins to Start Their Winter Migration 12 Days Earlier Than They Did in 1994, Newsweek on April 2, 2020 by Rosie McCall

English, but translating it back into Zulu, which doesn't have words for such terms. While Zulu, or isiZulu as it is called in South Africa, is spoken by almost 12 million people, it lacks the words for communicating many scientific concepts.

Around the world, enterprising individuals often have to come up with local translations of scientific concepts. These can be lyrical, like *bisaatsinsiimaan* ("beautiful plantings") for Einstein's theory of relativity, devised by a mother-son duo who were translating astrophysics into the indigenous North American language Blackfoot, or Siksiká. Or the neologisms (words that are in the process of entering common use, but that have not yet been fully accepted into mainstream language) can be focused on efficiency. This motivated one Scottish medical student to create a British Sign Language sign for a single piece of DNA, in place of the tediously finger-spelled "deoxyribonucleotide." Ultimately, Biyela believes, the actual words used aren't the most important things. "The impact has not been the words themselves, it's been the formula to come up with the words," he says. Earlier this year he documented the formula he developed for Zulu in a powerful article for The Open Notebook, which elicited solidarity around the world from people facing similar issues.

8. Why is it hard for some people to translate the word "fossil" into their language?

(A) Challenging concept to grasp
(B) Difficult to pronounce
(C) Equivalent word may not exist
(D) Hard to explain

9. How are some translations described?

(A) Accepted　　(B) Indigenous
(C) Lyrical　　(D) All of the above

10. What is the best way to translate scientific terms into local languages?

出典追記：(iii) What happens if you have no word for 'dinosaur', BBC Future on January 17, 2020 by Christine Ro

(A) Create a formula
(B) Elicit solidarity
(C) Use the original scientific words
(D) None of the above

(iv)

著作権の都合上，省略。

11. How is the Humboldt squid's movement while hunting described?
(A) Colliding
(B) Competing
(C) Precise
(D) None of the above

12. How are the Humboldt squid's unique organs described?
   (A) Backlighting
   (B) Glowing
   (C) Light-producing
   (D) All of the above

13. What is the best title for this passage?
   (A) How Squid Communicate in the Dark
   (B) Humboldt Squid Thrive in Frigid Waters
   (C) New Squid Identified in the Pacific Ocean
   (D) Squid Produce Light to Attract Prey

(v) Tucked behind a nondescript door inside Alaska Resources Library and Information Services (ARLIS), a library on the University of Alaska Anchorage campus, resides a collection of curiosities. Inside are shelves upon shelves of archival boxes, each carefully stacked and labeled with its specific contents — a perfectly preserved carcass of a ring-necked pheasant nestled in one, a mounted black rockfish in another. Over the years the collection has grown to include hundreds of specimens, making ARLIS the only known library in the United States to hold such a trove. It is not only open to the public, but its items can be checked out just like one would a library book — the only thing you need is an Anchorage public library card.

Since 1997, ARLIS has been amassing an extensive inventory of animal furs, skulls, bird and fish mounts, skeletons and other "realia," items that are typically more at home displayed behind a glass case in a natural history museum than at a public library. ARLIS is the result of combining the resource libraries of eight federal, state, and university agencies under one roof, including the Alaska Department of Fish and Game's "FMS" (furs, mounts, skulls) collection. Prior to combining the collections, each was housed separately and managed by its specific department. By combining these libraries together, it makes them more accessible to researchers, members of the agencies and the public.

出典追記：(v) This Library in Anchorage Lends Out Taxidermic Specimens, Smithsonian Magazine on April 18, 2019 by Jennifer Nalewicki

14. What makes ARLIS unique in the United States?
  (A) Archival boxes (B) Rare books
  (C) Realia (D) Public library card

15. Which is true about ARLIS?
  (A) Consists of eight departments
  (B) Loans specimens
  (C) Only library in Alaska
  (D) Originally a museum

16. What was a benefit of combining the libraries of eight federal, state, and university agencies?
  (A) Better access (B) Save money
  (C) Save space (D) Tax benefits

(vi) Eating a diet featuring chemicals known as ketones could protect brain cells from the progress of Alzheimer's disease, according to a study on mice. Scientists wanted to see if increasing the levels of ketones — a type of fatty acid — in mice could boost the production of a protein called SIRT3. This protein is thought to protect neurons. As the brain starts to be affected by Alzheimer's disease, the way some mitochondria — the powerhouses of cells — work is thought to be damaged, as are some brain cell networks, the authors explained in the *Journal of Neuroscience*.

The team studied mice with Alzheimer's disease — including some who had been genetically modified to have lower than normal levels of SIRT3 — as well as regular mice who acted as controls. Mice with lower levels of SIRT3 were more likely to die prematurely and have seizures. Certain types of interneurons — brain cells that transmit impulses — were also found to be more likely to die in these mice, when compared with the rodents with just Alzheimer's disease and controls. When researchers supplemented the mice's diets with ketones, which boosted SIRT3 levels, the animals had fewer seizures, lived longer and their interneurons appeared to be preserved. The

出典追記：(vi) Eating a Diet Featuring Ketones Could Protect Brain Cells Against Alzheimer's Disease, Study on Mice Suggests, Newsweek on December 10, 2019 by Kashmira Gander

team concluded the ketone supplements appeared to help SIRT3 preserve the interneurons, and protect brain circuits against becoming over-excited in what is known as hyperexcitability.

17. Which is NOT damaged when the brain is affected by Alzheimer's disease?
 (A) Brain cell networks (B) Mitochondrial function
 (C) Production of SIRT3 (D) None of the above

18. What was found for mice with lower levels of SIRT3?
 (A) More likely to die prematurely
 (B) More likely to have seizures
 (C) Some interneurons are more likely to die
 (D) All of the above

19. What effect do ketone supplements have on humans?
 (A) Extending life expectancy
 (B) Increasing the production of SIRT3
 (C) Preserving interneurons
 (D) Not enough information given

(vii)

著作権の都合上，省略。

20. What is a benefit of listening to music while exercising?
 (A) Exercise harder
 (B) Higher heart rate
 (C) Keeps the mind entertained
 (D) All of the above

21. Listening to music is likely to most benefit people doing which kind of exercise?
 (A) Hiking (B) Pilates
 (C) Sprinting (D) Weight lifting

22. What gender differences did the researchers identify?
 (A) Men benefited more than women
 (B) No noticeable differences were found
 (C) Women benefited more than men
 (D) Not enough information given

(viii) A new species of a bird-like dinosaur that lived 99 million years ago has been identified from a fossilized skull trapped in a block of amber, a study said. Even tinier than a hummingbird, it's among the smallest dinosaurs from the Mesozoic Era yet found. It's also one of the most ancient birds ever reported. “When I first saw it, I was blown away,” Jingmai O’Connor, a paleontologist from the Chinese Academy of Sciences and lead author of the study. “Amber preservation of vertebrates is rare, and this provides us a window into the world of dinosaurs at the lowest end of the body-size spectrum,” said study co-author Lars Schmitz, a biologist at the W. M. Keck Science Department in California, in a statement.

The skull specimen, which was discovered in a mine in northern Myanmar, is only about 1/2 inch in length. The entire bird weighed less than a tenth of an ounce, scientists estimate. The creature’s skull is dominated by a large eye socket that’s similar to a modern lizard’s eye. The eye socket has a narrow opening and only lets in a small amount of light, which means that it was suited to being active in daylight conditions. Its upper and lower jaws contain a large number of sharp teeth and the study authors estimate each jaw would have had 29 to 30 teeth in total.

Despite its small size, this finding suggests the bird was a predator and likely ate small arthropods or invertebrates, unlike similar-sized modern birds, which have no teeth and feed on nectar. The researchers concluded that the specimen’s tiny size and unusual form suggests a never-before-seen combination of features. “This discovery shows us that we have only a small glimpse of what tiny vertebrates looked like in the age of the dinosaurs,” Schmitz said.

23. Where was the bird-like dinosaur fossil discovered?
   (A) California
   (B) China
   (C) Myanmar
   (D) Not enough information given

24. What makes this particular fossil unusual?
   (A) Preserved in amber
   (B) Sharp teeth
   (C) Small size
   (D) All of the above

25. What is the main idea of this passage?
(A) Ancient bird fossil is one of the smallest Mesozoic dinosaurs.
(B) Bird ancestor shows similarities with modern birds.
(C) Rare bird skull preserved in amber sheds light on ancient invertebrates.
(D) None of the above

## II

次の設問 26～40 の空所を補うものとして最も適当な語を，(A)～(K)の中から選びなさい。ただし，使われない語が含まれていることもあります。また，同じ語を繰り返して使うこともできます。空所に何も補う必要のない場合には(L)を選びなさい。

| | | | | | |
|---|---|---|---|---|---|
| (A) about | (B) down | (C) for | (D) in | (E) into | (F) on |
| (G) over | (H) through | (I) to | (J) up | (K) with | (L) NO WORD |

26. When it comes ______ fixing computers, no one knows more than my friend Beth.
27. All the world ______ there is growing interest in developing clean energy alternatives.
28. Although she tried to find the ring she had lost on the beach, her search was ______ vain.
29. I can't think of a good place to hide ______ my wife's birthday present.
30. The irate customer returned to complain ______ the poor service to the manager.
31. If I can work ______ enough courage, I might ask Linda out for a date this weekend.
32. Everybody was tired of hearing Karen's made-______ stories about her personal achievements.
33. She has considerable experience so there is no cause ______ concern if she becomes president.

34. We regret ______ inform you that we cannot comply with your data request.

35. Together ______ my friends and I served soup at the local homeless shelter.

36. Jiro is a Waseda man ______ and through as the fourth member of his family to study there.

37. I asked my parents ______ advice on how to save for my children's education.

38. Our boss encouraged us not to ______ doubt next quarter's sales projections.

39. Jim waded across the river and emerged soaking wet from the waist ______.

40. The children's faces lit ______ when they saw the presents under the tree.

## III

次の設問41～50のA～Dのうち，誤った英語表現を含んだ部分がある場合にはA～Dの中の一つを，誤りがない場合にはEを選びなさい。

41. If (A) all the Arctic ice melted (B), polar bears would likely disappear (C) from the region in ten years' time (D). NO ERROR (E)

42. At the graduation ceremony (A), every boy and girl are (B) going to receive (C) a special award from the teacher (D). NO ERROR (E)

43. In the past (A), women had few career options (B) outside of the home (C) but nowadays they have more opportunities (D). NO ERROR (E)

44. Flight 882 to Chicago (A) will be delayed (B) about half a hour (C) due to (D) dense fog at the airport. NO ERROR (E)

45. Our team put up for (A) a good fight, but (B) in the end (C), the other team

was[D] simply too strong. NO ERROR[E]

46. The negotiations among the three countries[A] reached to a dead end[B] after all parties[C] refused the proposal[D]. NO ERROR[E]

47. We have only just began[A] to live[B] in this neighborhood[C] but have already made[D] many friends. NO ERROR[E]

48. The children took cover[A] under[B] an old tree during the rainstorm[C] and waited for it to[D] clear up. NO ERROR[E]

49. I make up[A] my mind to study[B] at[C] a language school in California for two weeks[D] next summer. NO ERROR[E]

50. To speak Spanish[A] well, it is important[B] to study hard[C] and learn a lot of vocabularies[D]. NO ERROR[E]

# 数学

〔注意事項〕

1．分数形で解答する場合の分母，および根号の中の数値はできるだけ小さな自然数で答えること。

2．[1]から[5]までの [ア]，[イ]，[ウ]，…にはそれぞれ，$-59$，$-58$，…，$-2$，$-1$，0，1，2，…，58，59のいずれかが当てはまる。次の例にならって，マーク解答用紙のア，イ，ウ，…で示された欄にマークして答えること。

〔例〕 アに3，イに$-5$，ウに30，エに$-24$，オに0と答えたいとき。

| | | 十の位 | | | | | 一の位 | | | | | | | | | |
|---|---|---|---|---|---|---|---|---|---|---|---|---|---|---|---|---|
| | − | 1 | 2 | 3 | 4 | 5 | 0 | 1 | 2 | 3 | 4 | 5 | 6 | 7 | 8 | 9 |
| ア | ○ | ○ | ○ | ○ | ○ | ○ | ○ | ○ | ○ | ● | ○ | ○ | ○ | ○ | ○ | ○ |
| イ | ● | ○ | ○ | ○ | ○ | ○ | ○ | ○ | ○ | ○ | ○ | ● | ○ | ○ | ○ | ○ |
| ウ | ○ | ○ | ○ | ● | ○ | ○ | ● | ○ | ○ | ○ | ○ | ○ | ○ | ○ | ○ | ○ |
| エ | ● | ○ | ● | ○ | ○ | ○ | ○ | ○ | ○ | ○ | ● | ○ | ○ | ○ | ○ | ○ |
| オ | ○ | ○ | ○ | ○ | ○ | ○ | ● | ○ | ○ | ○ | ○ | ○ | ○ | ○ | ○ | ○ |

# ◀理系方式▶

(60分)

**1** (1)　表面にアルファベットが，裏面には自然数が書かれている5枚のカードが，次のように置かれている。

[P]　[Q]　[1]　[3]　[6]

これら5枚のカードに対する命題「表面がアルファベットPならば，裏面は素数である」の真偽を調べるために，できるだけ少ない枚数のカードを裏返して確認したい。左から $n$ 番目の位置にあるカードを裏返す必要のあるときには $a_n=1$，必要のないときには $a_n=0$ とするとき，

$$\sum_{k=1}^{5} a_k 2^{k-1} = \boxed{\text{ア}}$$

である。

(2)　2次関数 $y=ax^2+bx+c$ の係数 $a$，$b$，$c$ は次の条件をともに満たすとする。

条件1．$a$，$b$，$c$ は互いに異なる。

条件2．$-3$ 以上5以下の整数である。

この2次関数のグラフが，原点を通り，かつ，頂点が第1象限または第3象限にあるような $a$，$b$，$c$ の組は全部で $\boxed{\text{イ}}$ 組ある。

(3)　△ABCにおいて，3つの角の大きさを $A$，$B$，$C$ とし，それぞれの対辺の長さを $a$，$b$，$c$ とする。

$$5a^2-5b^2+6bc-5c^2=0$$

のとき，$\sin 2A+\cos 2A=\dfrac{\boxed{\text{ウ}}}{\boxed{\text{エ}}}$ である。

**2** $2\sin\theta+\sin 2\theta+2\sin 3\theta-2\sin 2\theta\cos\theta>0$ $(0<\theta<\pi)$ を満たす $\theta$ の範囲は，

$$0<\theta<\frac{\boxed{\text{オ}}}{\boxed{\text{カ}}}\pi,\quad \frac{\boxed{\text{キ}}}{\boxed{\text{ク}}}\pi<\theta<\pi$$

である。

**3**　正四面体OABCの辺BCの中点をM，辺OCを1：2に内分する点をNとする。点Nと平面OABに関して対称な点をPとする。このとき，

$$\overrightarrow{OP}=\frac{\boxed{\text{ケ}}\,\overrightarrow{OA}+\boxed{\text{コ}}\,\overrightarrow{OB}+\boxed{\text{サ}}\,\overrightarrow{OC}}{\boxed{\text{シ}}}$$

である。次に，点Qは平面OAB上の点で，$|\overrightarrow{MQ}|+|\overrightarrow{QN}|$が最小になる点とする。このとき，

$$\overrightarrow{OQ}=\frac{\boxed{\text{ス}}\,\overrightarrow{OA}+\boxed{\text{セ}}\,\overrightarrow{OB}}{\boxed{\text{ソ}}}$$

である。

**4**　直線$x+y=1$に接する楕円$\dfrac{x^2}{a^2}+\dfrac{y^2}{b^2}=1$ $(a>0,\ b>0)$がある。

このとき，$b^2=\boxed{\text{タ}}\,a^2+\boxed{\text{チ}}$である。

この楕円を直線$y=b$のまわりに1回転してできる立体の体積は，

$a=\dfrac{\sqrt{\boxed{\text{ツ}}}}{\boxed{\text{テ}}}$のとき，最大値$\dfrac{\boxed{\text{ト}}\sqrt{\boxed{\text{ナ}}}}{\boxed{\text{ニ}}}\pi^2$をとる。

**5**　$i$を虚数単位とする。$\alpha=-1+i$とし，$z$は次の条件をともに満たす複素数とする。

条件1．$\dfrac{z-\alpha}{z-\overline{\alpha}}$の実部は0である。

条件2．$z$の虚部は0以上である。

このとき，複素数平面上で$z$がとりうる値全体の集合を表す図形$C$と，実軸で囲まれる部分の面積は$\dfrac{\boxed{\text{ヌ}}}{\boxed{\text{ネ}}}\pi$である。また，$w=\dfrac{iz}{z+1}$で表される点$w$がとりうる値全体の集合を表す図形と，図形$C$で囲まれる部分の面積は$\dfrac{\boxed{\text{ノ}}\,\pi+\boxed{\text{ハ}}}{\boxed{\text{ヒ}}}$である。

ロ　あなどる
ハ　取って代わる
ニ　占う
ホ　交渉する

問二十五　傍線部5「非人力所到也」の返り点として最も適切なものを次の中から一つ選び、解答欄にマークせよ。

イ　非㆓人力所㆑到也㆒
ロ　非㆑人力所㆑到也
ハ　非㆓人力所㆒㆑到也
ニ　非㆑人力㆑所㆑到也
ホ　非㆓人力㆒所㆑到也

問二十六　傍線部6「与晋周処、同日之談耶」の内容として最も適切なものを次の中から一つ選び、解答欄にマークせよ。

イ　暴悪の人も立派な人となるという点で、中国の晋の周処の話と軌を一にしている
ロ　暴悪の人も立派な人となる点が似るが、中国の晋の周処の話とは時代的に価値が同じでない
ハ　暴悪の人も立派な人となる話で、中国の晋の周処の話を真似して創作したものである
ニ　暴悪の人も立派な人となるのは稀なので、中国の晋の周処に同じく一日では話しきれない
ホ　暴悪の人も立派な人となるのは同様だが、中国の晋の周処の話ときっかけが異なる

イ　仲間の頭となること
ロ　修行が他者に勝ること
ハ　修行する期間が延びること
ニ　剃髪した髪が伸びること
ホ　成長して大人になること

問二十二　傍線部2「与老壮僧徒、無日不諍闘」の解釈として最も適切なものを次の中から一つ選び、解答欄にマークせよ。

イ　老年・壮年の僧徒のために、諍（いさか）いを起こさない日は無かった
ロ　老年・壮年の僧徒とは、一日と経たずに諍いを起こさないようになった
ハ　老年・壮年の僧徒との間で、諍いを起こさない日は無かった
ニ　老年・壮年の僧徒と仲間になって、すぐに諍いを起こさなくなった
ホ　老年・壮年の僧徒と徒党を組み、諍いを起こさない日は無かった

問二十三　傍線部3「須角膂力以得之」の書き下し文として最も適切なものを次の中から一つ選び、解答欄にマークせよ。

イ　りよりよくをくらぶるをまちてもつてこれをえんと
ロ　すべからくくらぶるりよりよくをもつてこれをえしむべしと
ハ　りよりよくをくらぶるをもちひてもつてこれをえよと
ニ　すべからくりよりよくをくらべてもつてこれをうべしと
ホ　りよりよくをくらぶるをもちふるにこれをうるをもつてせよと

問二十四　傍線部4「易」の表す意味として最も適切なものを次の中から一つ選び、解答欄にマークせよ。

イ　辟（へき）易する

# 三

次の文章を読んで、あとの問いに答えよ。なお、設問の都合上、返り点・送り仮名を省いたところがある。

武蔵坊弁慶、生未数月、有食牛之気。幼時、父命登叡山、入某師室、受剃度。及1長、倜儻不羈、2与老壮僧徒、無日不諍闘。故為衆擯出下山、遊侠洛陽。自謂人貯一色武器満千者、謂之富。我宜得千刀。毎見人佩装刀強乞。多恐与之。一日邂逅牛若丸于清水寺。貪看其金装刀、亦乞之。丸笑答曰、3須角膂力以得之。慶4易少年稚弱、抽大刀、相向。丸雅有奇術。飛捷奮撃、5非人力所到也。慶忽力屈術尽、扣頭乞降。丸詰難而後寛赦、以成君臣之約。爾後尽節致忠、未暫離側。遂至于衣川之難、義死殉君。吁慶一旦暴悪、翻成全人、6与晋周処、同日之談耶。

(『桑華蒙求』による)

(注) 叡山……比叡山。
倜儻……物事に拘束されないさま。
擯出……退けること、拒まれること。
洛陽……京都の別名。
角膂力……「膂力」は、ちから。「角」は、くらべる意。
衣川之難……奥州平泉の衣川での戦い。
周処……晋代の人。仕官する前、村の父老から、南山の白額の猛虎、長橋下の蛟、乱暴者のお前が除かれないうちは、豊年で天下太平でも気が休まらないと言われるや、ただちに虎を射殺し、蛟を打ち殺し、自らは志を励まして学問を修めたという。

問二十一 傍線部1「長」の解釈として最も適切なものを次の中から一つ選び、解答欄にマークせよ。

問十九　傍線部4「ゆゆしかりける者どもの心の大きさ広さかな」とあるが、この発言からうかがえる常陸守の娘たちへの心情・評価として、最も適切なものを次の中から一つ選び、解答欄にマークせよ。

イ　自分の妻の姪たちであり、立派な気構えの人間だと思っていたが、任地を離れる自分たちに豪勢な手土産を渡す豪胆さにあらためて感心している。

ロ　赴任の際に再会したあと、叔母である自分の妻を頼る様子もなく、人情味のない娘たちだと思っていたが、別れに当たって、惜しむことなく贈り物をする気持ちの大きさに驚いている。

ハ　幼いころは田舎育ちと身なりから品のない娘たちだと思っていたが、常陸赴任中の自分たちへの接し方を通じて、彼女たちのやさしい気立てを発見している。

ニ　自分が常陸に来て以来、自分たちを頼ってこず、ひどい娘たちだと思っていたが、別れに当たっての豪華な贈り物から、その背景にあった財力の大きさを知って納得している。

ホ　赴任以来の態度から、人としてのあたたかさのない娘たちだと思っていたが、儀礼的ではあれ、別れを惜しむ姿を目の当たりにして、自分たちへの愛情に感動している。

問二十　この文章の内容に合致するものを次の中から二つ選び、解答欄にマークせよ。

イ　常陸に下った姉の娘たちは、伯の母と面会した際、京にいた頃の母親そっくりに美しく育っていた。

ロ　常陸守は、四年の任期が明けて京に帰ったのちも、常陸の姫君たちと長年にわたって親しく交流した。

ハ　越前守の娘は、伯の母とその姉の二人きりであり、伯の母は姉が常陸に下った際、別れをひどく悲しんだ。

ニ　乳母は、多気の大夫や姫君とともに常陸へ下ったのち、都での振る舞いについての自責の念に苦しみ続けた。

ホ　常陸守の帰京にあたって姉の娘たちが準備した土産の品は、常陸守が任期中に得たものよりも豪華であった。

ヘ　語り手は、娘たちの度量に驚きつつも、彼女たちの母親が田舎に埋もれてしまったことを惜しんでいる。

問十五　傍線部1「盗ませてけり」について、「誰」が「何（あるいは誰）」を「誰」に盗ませたのか。その組み合わせとして最も適切なものを次の中から一つ選び、解答欄にマークせよ。

イ　上童が紅の一重がさねを多気の大夫に
ロ　上童が金百両を多気の大夫に
ハ　上童が姫君を越前守に
ニ　乳母が紅の一重がさねを姫君に
ホ　乳母が姫君を多気の大夫に

問十六　傍線部2「おとづれたり」について、ここでの「おとづる」と同じ意味になる語として最も適切なものを次の中から一つ選び、解答欄にマークせよ。

イ　おとなふ　　ロ　かたらふ　　ハ　たづぬ　　ニ　たよりす　　ホ　とむらふ

問十七　空欄 a に入る語として最も適切なものを次の中から一つ選び、解答欄にマークせよ。

イ　遠風　　ロ　南風　　ハ　東風　　ニ　微風　　ホ　涼風

問十八　傍線部3「田舎人とも見えず、いみじくしめやかに恥づかしげによかりけり」の現代語訳として最も適切なものを次の中から一つ選び、解答欄にマークせよ。

イ　娘たちは、田舎の人のようにも見えず、ひどくしとやかでこちらが気後れするほど美しかった。
ロ　娘たちは、ふだんは周囲の住人に顔をみせることもなく、ひどくつつましく恥ずかしそうで、好ましい様子であった。
ハ　娘たちは、田舎の人のようには見えなかったが、ひどくしとやかで出しゃばらない様子が好ましかった。
ニ　娘たちは、周囲の人々とまじわることもなく、ひどくしとやかで、見るものが気後れするほど美しかった。
ホ　娘たちは、田舎の人のようにも見えず、ひどく華やいだ様子で、周囲が気恥ずかしくなるほどであった。

匂ひきや都の花は東路に［a］のかへしの風のつけしは

返し、ハ姉、

吹き返す［a］のかへしは身にしみき都の花のしるべと思ふに

年月隔りて、伯の母、常陸守の妻にて下りけるに、姉は失せにけり。女（むすめ）二人ありけるが、かくと聞きて参りたりけり。3田舎人とも見えず、いみじくしめやかに恥づかしげによかりけり。ニ常陸守の上を、「ホ昔の人に似させ給ひたりける」とて、いみじく泣き合ひたりけり。四年が間、名聞（みやうもん）にも思ひたらず、用事などもいはざりけり。

任果てて上る折に、常陸守、「無下なりける者どもかな。かくなん上るといひにやれ」と男にいはれて、伯の母、上る由いひにやりたりければ、「承りぬ。参り候はん」とて、明後日上らんとての日、参りたりけり。えもいはぬ馬、一つを宝にする程の馬十疋づつ、二人して、また皮籠（かはご）負ほせたる馬ども百疋づつ、二人して奉りたり。何とも思ひたらず、かばかりの事したりとも思はず、うち奉りて帰りにけり。常陸守の、「ありける常陸四年が間の物は何ならず。その皮籠の物どもしてこそ万の功徳も何もし給ひけれ。4ゆゆしかりける者どもの心の大きさ広さかな」と語られけるとぞ。

この伊勢の大輔の子孫は、めでたきさいはひ人多く出で来給ひたるに、大姫君のかく田舎人になられたりける、哀れに心憂くこそ。

（『宇治拾遺物語』による）

（注）愁へ……訴訟。
伊勢の大輔……小倉百人一首に入集している女流歌人で、越前守の妻。その子の一人に「伯の母」がいる。
皮籠……まわりに皮を張った籠。

問十四　波線部イ～ホの中で同じ対象を指していないものが一つある。それはどれか。最も適切なものを一つ選び、解答欄にマークせよ。

ハ　現象学の中心課題は、知覚像が連続的調和を維持することを通して生じる、超越物が存在するという確信が、どのような条件ならば疑いないと言えるのかを解明することである。

ニ　認識は疑うことができない確信の構成として行われる性質があるため、知覚の不確かさが常に伴う人間の認識を通して客観的な知識を得ることはできない。

ホ　机などの対象を意識的に知覚することや自分の世界と他者の世界が同一のものだと捉えることは、自然な考え方であり、私たちに対象や世界についての確信を与える。

ヘ　主観と客観との対比関係に基づいて人間の認識を理解するという方法には改善すべき点も多いが、これらに対処すれば、最終的には倫理観を伴った考え方になる。

## 二

次の文章を読んで、あとの問いに答えよ。

今は昔、多気(たけ)の大夫といふ者の、常陸より上りて愁(うれ)へする比(ころ)、向ひに越前守といふ人のもとに経誦(ず)しけり。この越前守は、伯(はく)の母とて世にめでたき人、歌よみの親なり。妻は伊勢の大輔、姫君たちあまたあるべし。多気の大夫つれづれに覚ゆれば、聴聞(ちやうもん)に参りたりけるに、御簾を風の吹き上げたるに、イなべてならず美しき人の、紅の一重がさね着たるを見るより、「この人を妻にせばや」といりもみ思ひければ、その家の上童を語らひて問ひ聞けば、ロ「大姫御前の、紅は奉りたる」と語りければ、それに語らひつきて、「我に盗ませよ」といふに、「思ひかけず、えせじ」といひければ、「さらば、その乳母を知らせよ」といひければ、「それは、さも申してん」とて知らせてけり。さていみじく語らひて金百両取らせなどして、「この姫君を盗ませよ」と責め言ひければ、さるべき契りにやありけん、1盗ませてけり。

やがて乳母うち具して常陸へ急ぎ下りにけり。跡に泣き悲しめど、かひもなし。程経て2乳母おとづれたり。あさましく心憂しと思へども、いふかひなき事なれば、時々うちおとづれて過ぎけり。伯の母、常陸へかくいひやり給ふ。

一であると想定しなければならないから。

問十一 空欄 e にあてはまる語句を本文中の表現を用いて三字以上、五字以内で記述解答用紙の解答欄に記せ。なお、句読点や括弧・記号などが含まれる場合には、それぞれ一字分に数え、必ず一マス用いること。

問十二 傍線部7「超越論的主観性はじつは間主観性に先行されている、といった批判」とあるが、著者はこの批判に対してどのように反論しているか。その説明として最も適切なものを次の中から一つ選び、解答欄にマークせよ。

イ 超越論的主観性と間主観性は、表面的な違いはあるが、主観性という人間の根幹となる共通の概念を含んでいるため、こうした批判自体が意味をなさない、と著者は反論している。

ロ 超越論的主観性が間主観性に先行されるという批判を受け入れた場合、他者を前提としない認識は成り立たず、確信構成の条件を再考しなければならない、と著者は反論している。

ハ 現象学の役割は正当性の根拠の解明なので、本来的な議論として、客観世界が主観世界に先行するという、主観と客観の構図をそもそも扱う必要はない、と著者は反論している。

ニ 現象学では他者の確信がどのように構成されているのかに対してさえも主観により確信が与えられるため、主観―客観という対比自体が成立しない、と著者は反論している。

ホ 自分の世界と他者の世界が同一の世界であるに違いないことは、自然かつ暗黙の確信であるため、この考えに批判を述べるのは哲学者として相応しくない、と著者は反論している。

問十三 この文章の内容に合致するものを次の中から二つ選び、解答欄にマークせよ。

イ 現象学的還元の方法は認識に関わる問題を明らかにしているにもかかわらず解釈論議が生まれるのは、フッサールより後の多くの現象学者たちが根本的に誤っているからである。

ロ フッサールによる現象学の動機は哲学の再生にあることには違いないが、現在から見れば古い考え方になってしまったので、新しい考えに刷新していく必要がある。

を表しているから。

ホ　多義的な知覚像に対して、ノエマが特定の文脈を指し示すことで、知覚像についての解釈の幅を限定し、理解を助ける意味を持っているから。

問九　空欄 d に入る語句として最も適切なものを次の中から一つ選び、解答欄にマークせよ。

イ　絶対的な独自性

ロ　超越的な客観性

ハ　基本的な優位性

ニ　感覚的な志向性

ホ　先験的な他者性

問十　傍線部6「われわれはこれを、現象学的「間主観性」の概念の一般モデルとみなすことができる」とあるが、それはなぜか。その理由として最も適切なものを次の中から一つ選び、解答欄にマークせよ。

イ　すべての人は主観に依拠して世界を認識するしかないが、「言語ゲーム」を通して、例外なく自分自身の主観的確信の構成が他者のそれと同一の構造を有すると確信されるから。

ロ　世界はその総体を純粋意識に還元できるので、各人が自分だけの世界は原理的に交換不可能であるにもかかわらず、本質的には他者と自己との間で同一であると仮定できるから。

ハ　現実の「かぶと虫」という存在は、知覚像から誰しも「かぶと虫」であることを確認できるので、他者との間で言葉を交わさなくても、共通理解が得られるから。

ニ　人間は「言語ゲーム」によって多人数が同時参加する世界についての認識を交換できるため、通信の遅延がなければ世界が同一であると予想できるから。

ホ　各人は自分だけの交換不可能な世界を生きているため、自分の認識と他者の認識を同一にするためには、世界が同

ニ　フッサール以外の現象学者の多くは、純粋意識の範囲が、意識流という世界認識の一般構成の原理論として明確に示されている点を見落としているということ。
ホ　フッサール以外の現象学者の多くは、現象学的目隠しゲームを通して、現象学的還元の基本構図を誰であれ難なく取り出せることに考えが及ばないということ。

問七　傍線部4「純粋意識」とあるが、現象学的「目隠しゲーム」のなかで、何がこれに相当するとしているか。最も適切なものを次の中から一つ選び、解答欄にマークせよ。

イ　目を閉じることで起こる覚醒
ロ　ゲームから想起された記憶
ハ　他者存在が排除された体験
ニ　現にある洋酒ボトルの手触り
ホ　混じり気がなく高い集中力

問八　傍線部5「ノエマをしばしば「意味」と呼ぶ」とあるが、それはなぜか。その理由として最も適切なものを次の中から一つ選び、解答欄にマークせよ。

イ　知覚像への作用と確信を与える対象との間にある、ノエマが意味を媒介するという内在的な働きによってノエマとその意味が強く結合しているから。
ロ　対象の存在の確信とその意味の確信は同時に形成されるため、主観によって把握されるノエマには対象の意味が含まれることが多くなるから。
ハ　情報の集約物である知覚像が人間に作用するということは、ノエマそれ自体に意味があると判断される性質が備わっていることに等しいから。
ニ　対象自体を指すノエマは、知覚像と体験の結合から生じるのではなく、知覚された物自体がそのままノエマの意味

ニ　想起や想像ではない知覚像を論理的に操作することによって対象意味を付与し続けなければ、対象を確信できないという構造。

ホ　想起や想像という意識が現われ、それが時間的に変化しても、対象意味の統一が失われないかぎりこの対象を確信できるという構造。

問四　空欄［b］に入る語句として最も適切なものを本文中から五字以内で抜き出し、記述解答用紙の解答欄に記せ。なお、句読点や括弧・記号などが含まれる場合には、それぞれ一字分に数え、必ず一マス用いること。

問五　空欄［c］に入る適切な語句として最も適切なものを次の中から一つ選び、解答欄にマークせよ。

イ　フッサール現象学で理解不能な構成

ロ　語の素朴な使用から類推できる構成

ハ　操作的概念から生み出された構成

ニ　多くの現象学者が説明する構成

ホ　内在的意識における確信の構成

問六　傍線部3「現象学的還元の概念自体に対する根本的無理解を意味している」とあるが、その説明として最も適切なものを次の中から一つ選び、解答欄にマークせよ。

イ　フッサール以外の現象学者の多くは、実在性が原因になり、その結果として意識に対象の知覚像が現れているという自然的態度を受け入れていないということ。

ロ　フッサール以外の現象学者の多くは、現象学的還元における構成が、多種多様な構成を指すというフッサールが示した見解を支持していないということ。

ハ　フッサール以外の現象学者の多くは、現象学の扱う認識論が、確信の不可疑性が構成される条件および構造を問題にしていることを踏まえていないということ。

（竹田青嗣の文章による）

（注）フッサール……現象学を提唱したオーストリアの哲学者。主著に『イデーン』がある。
純粋記述・顕在性・地平性・射映・背景的庭・領圏・志向的作用・質料的与件……フッサールが提唱した現象学的還元に関する用語。
体験流・意識流……体験や意識が時間的に発展し続ける側面を強調したフッサールの用語。
エポケー……判断を保留すること。
スコラ議論……無駄な議論、議論のための議論。
超越論的主観……主観―客観の構図から超越した主観。現象学の用語。
言語ゲーム……言語活動をゲームに喩(たと)えたもの。ウィトゲンシュタインが提唱した。

問一　空欄 a に入る語句として最も適切なものを次の中から一つ選び、解答欄にマークせよ。

イ　風景　　ロ　時空　　ハ　人称　　ニ　価値　　ホ　視線

問二　傍線部1「『意識』に知覚像が現出する（所与される）こと」とあるが、著者はこれを端的に言い表すのに何という語句を用いているか。この傍線部よりも前の本文中から漢字四字以内で抜き出し、記述解答用紙の解答欄に記せ。

問三　傍線部2「『ノエシス―ノエマ』構造」とあるが、ここでの説明として最も適切なものを次の中から一つ選び、解答欄にマークせよ。

イ　意識として知覚された像が断続的に変化する中で時間的に推移してしまうため、何らかの統一的な知覚像を得にくいという構造。

ロ　意識に現われ続ける知覚像が連続的に変化していったとしても、途絶えることなく何らかの確信を持ち続けられるという構造。

ハ　意識に現れ、感じたものが知覚されるのと同様の仕組みで、想起や想像に対しても継続的に確信を持つことができるという構造。

個人の「痛み」の［d］と交換不可能性について述べたくだりだが、6 われわれはこれを、現象学的「間主観性」の概念の一般モデルとみなすことができる。

すなわち、世界の総体を純粋意識に還元すればつぎのようにいえる。各人は自分だけの「世界」（意識世界）を生きており、誰も他人の「世界」を直接に認識することはできない。それは原理的に交換不可能である。しかしにもかかわらず、人間は「言語ゲーム」を介して、互いに自分の「世界」のありようを交換している（伝えあっている）。そのことによって、誰も自分の「世界」しか知りえないにもかかわらず、われわれは、例外なく、自分の世界と他人の世界は「同一の世界（かぶと虫）」に違いない、という自然かつ暗黙の確信をもっている、と。

そこでこう定式化できる。

現象学における「間主観性」とは、私の生きる「世界」は他者が生きる「世界」と同一のものであるはずだという「私の確信」を意味する。間主観的還元とは、私の主観のうちに成立するこの間主観的［e］の構造を把握することにほかならない。

7 超越論的主観性はじつは間主観性に先行されている、といった批判は、私の意識は他者関係を前提しているという点では理があるので、一見説得力をもつ。しかし、現象学の理解としては、客観世界の「エポケー」という大前提を理解しておらず、そのため暗黙に、客観世界が主観世界に先行する、という「主観―客観」の構図に舞い戻っているのである。

繰り返し言えば、現象学の中心課題が認識論の解明にあること、その根本方法は、すべての認識を主観のうちでの対象確信（＝不可疑性）の構成の把握に定位されること、このことを理解しないかぎり、哲学としての現象学から取り出しうるものは何もない。フッサールのこの根本の発想を伝える象徴的な言葉がある。

> 世界が、絶えず全般的な合致へと合流してゆく連続的な経験において、存在する全体宇宙として与えられているということ、このことは、完全に疑いを容れない。けれども、生と実証的学とを支えるこの不可疑性を理解し、その不可疑性の正当性の根拠を解明することは、これはこれでまた全く別種の事柄であろう。

アなど）と「東海岸解釈」（ソコロウスキ、ドラモンド、ハートなど）の間で生じている対立を報告している。前者、志向性概念の「フレーゲ的解釈」では、ノエマは《作用と対象の間の志向的関係を媒介する理念的意義あるいは意味》だとされる。これに対して後者では、ノエマは《主観と客観の仲介者ではなく、（略）現象学的反省において考察された対象自体（略）、知覚されるとおりの知覚された対象》とされる。

ただちに分かるのは、どちらの陣営にあっても「主観―客観」図式が取り払われていないということである。「確信形成（構成）」の内的条件を解明する、ということが現象学的還元の方法の要諦であり、このことの理解のないかぎり、「ノエシス―ノエマ」や「内在―超越」の概念もまた意味不明のものとなることをよく示している。

先の「目隠しゲーム」の例でいえば、ノエシスは、「意識」に現われる生き生きとした手触りの感触（その体験流）であり、ノエマは、そこから形成（構成）される「これは洋酒ボトルだ」という対象意味の確信形成（対象ノエマ）にほかならない。フッサールがノエマをしばしば「意味」と呼ぶのは、「これは洋酒ボトルだ」という確信が、対象の「意味」の直観的な到来だからである。

もう一つ、しばしば議論の対象となる概念に「間主観性」がある。たとえば、以下のような批判が多く存在する。フッサールの「間主観性」の概念は、現象学があくまで「超越論的主観」を世界分析の絶対的起点とする以上、他者の本質に近づくことはできない、なぜなら超越論的主観がそもそも間主観性によって先構成されているからだ、といった批判である（日本の現象学者、新田義弘、谷徹ほか）。これについても一つの例を挙げて説明しよう。ただしこれはウィトゲンシュタインからの借用である。

> 人は皆自分自身についてこう語る：「私は、私自身の痛みからのみ、痛みの何たるかを知るのである！」――そこで、人は皆或る箱を持っている、としよう。その中には、我々が「かぶと虫」と呼ぶ或るものが入っているのである。しかし誰も他人のその箱の中を覗く事は出来ない。そして、皆、自分自身のかぶと虫を見る事によってのみ、かぶと虫の何たるかを知るのだ、と言うのである。

向的作用、質料的与件、ノエマなどの「すべてを指すのか一部を指すのか」よく分からず、そのため、意識流が「現実に全き存在領域なのかそれともある特有の個別対象なのか」も不明確なままである、と。

　現象学の中心的諸概念の理解についてのこうした混乱と不明は、いくらでも例を挙げることができる。「構成」や「純粋意識」の概念は、現象学的還元の方法の中核をなすものであり、これらの概念に対する疑義は、[3]現象学的還元の概念自体に対する根本的無理解を意味している。

「現象学的還元」の基本構図を、私は誰にも理解できるような一つの具体例で示してみよう。

たとえば、目を閉じた状態で何かを渡してもらい、触るだけでそれが何であるかを言い当てるゲームを想定しよう。私は渡されたものを手で触って、これはたとえば自分の愛飲の洋酒ボトルだ、と答える。だが、相手がさらに、なぜそれが愛用の洋酒ボトルであると確信したかその根拠を言え、と要求するとしよう。すると私は、自分の触覚にいっそう注意を集中し、自分にその確信を与えた手触りのありようを、言葉で示そうとするだろう。

　さて、鋭敏な読者は、この単純な現象学的「目隠しゲーム」から、現象学的還元、[4]純粋意識、本質観取、純粋記述といった概念の意味を、誰であれ難なく取り出せることを理解するはずである。同時に、この例は、知覚体験における対象確信の「構成」の本質構造を内省によって誰もが観取できるということ、つまり、内省的な本質観取の原理的可能性ということをも明瞭に示している。

「純粋意識」（内在的意識）とは何か。この例で分かるように、君の内でさまざまな対象確信が形成される「意識」のありようを内省せよ、といわれれば、誰であれ〝現にある自分の意識のありよう〟にアクセスすることができ、その条件を観取して取り出すことができる。そして、「純粋意識」とは何かについて、この定義以上の議論を重ねるのはまさしくスコラ議論なのである。

　もう一つの重要概念、「ノエシス—ノエマ」もまた大きな混乱のうちにある。ダン・ザハヴィは『フッサール現象学』の中で、フッサールの「志向性」の概念の解釈について、「西海岸解釈」（フェレスダール、ドレイファス、マッキンタイ

されてゆくことのないような、何らかの超越物などは、一つの全く無根拠な想定であろう。このような結合を原理的に欠如しているような超越物などは、一つの無意味なものであろう。

現象学的還元とは、対象の存在や様態を「意識」における確信形成の構造として把握することである、という理解がなければ、この文章はほとんど謎であろう。フッサールの意は以下である。およそわれわれがその現実存在を確信する対象（＝「超越物」）は、必ず、われわれの「意識」に、ありありとした知覚像とその対象意味を連続的な調和を維持しつつ与えてくるものだけである。そうした仕方で与えられない対象は、決して「 b する対象」としての確信をわれわれに与えることはない、と。

さて、すでに示唆したように、フッサール現象学のこの根本構図は現代哲学者のみならず多くの現象学者たちによっても理解されておらず、そのために用語解釈についての大きな混乱と不明が蔓延している。いまいくつか重要なものを取り上げてみよう。

まずフッサールの直接の高弟であるオイゲン・フィンクによる、よく知られた「構成」概念への疑念。

この絶対的主観性には、（略）世界的に存在するものの「構成」が帰せられる。しかし「構成」とは何を意味するのだろうか。（略）フッサールが、構成の概念をはじめに語の素朴な使用から受け取ってそれに新しい種類の超越論的意味を割り当てるとき、彼にとっては、これらいっさいの意義は互いに錯綜しあって揺れ動いているのである。

フィンクは、「構成」の概念だけでなく、「現象」「エポケー」「超越論的論理学」といった用語も明確に定義されたものといえず「操作的概念」というほかはないと批判している。同じく直接の高弟、ラントグレーベも完全にフィンクに同じている。しかし、すでに確認してきた根本構図から、「構成」が、 c 以外を意味しないことは明らかであろう。

つぎに「純粋意識」。これにも多くの疑義がある。たとえばロマン・インガルデンはいう。

問題なのは、《本質的な点において充分明確に確定されていない純粋意識の概念である。フッサールによるとき「意識」という概念は何を包括すべきなのか。（略）われわれはそれらの一つを確実に選びとることができない》。純粋意識は、志

ノエシス―ノエマ、内在―超越、といった多くの用語で示している。この煩雑さが読者の理解を大きく阻んでいるのだが、その根本構図はどこまでも明解である。フッサールが取り出している「事物対象」の確信構成の根本条件を、つぎの二点に要約しよう。

第一に、[1]「意識」に知覚像が現出する（所与される）こと。

第二に、この知覚像が、一つの対象意味（＝これは机だ）を与え、さらにそれが時間的な「連続的調和」を維持しつづけること。

言い換えればこうなる。もし私の「意識」に、「机」の知覚像（想起や想像ではなく）が現われ、それが「机」という対象意味を私に与え、しかも時間的にこの知覚像＋対象意味の統一が失われないでずっと持続しているかぎり（その間中は）、私はこの対象を、実際に現実存在する「机」であると確信せざるをえない、と。

つけ加えると、机の知覚像は、意識に現われ出る体験流だから、つねに同一ではなく微妙に変化していく（これがノエシス）。しかしにもかかわらず、この連続的変化の中で、それはたえず「一つの机」であるという確信（これが対象ノエマ）を与え続ける。これが[2]「ノエシス―ノエマ」構造と呼ばれる。

もう一つ、「意識」の体験流の現出（所与）というノエシスの側面は、私にとって本質的に不可疑なもので、ほんとうにそう現われているのかと問うことが無意味だが、「これは机だ」という構成された「確信」（ノエマ）は、時間の経緯のうちで、「そうだと思ったがじつはそうではなかった」ということが現われうる可疑性を必然的にもつ。これが「内在―超越」の構造である。そして、一般読者は驚くかもしれないが、余計なものをすべて取り除いて核心点だけを取り出せば、フッサールが『イデーン』で行なった事物対象の現象学的還元の要諦は、これでほぼ尽くされている。

つぎは、最も重要な箇所の一つ、知覚像はたえず変化しつつ現われるが、しかしつねに「机」という同一の対象意味（ノエマ）を与え、それが連続的に維持されていることが対象確信の根本条件である、という箇所の引用である。

調和的な動機づけの連関によって、顕在的な知覚という私のそのつどの領圏と、以上記述されたような具合に結合

# 国語

（六〇分）

## 一

次の文章を読んで、あとの問いに答えよ。

フッサールが『イデーン』で自ら行なっている現象学的還元の中心点を、一般読者に理解できるような仕方で要約してみよう。

たとえば目の前に「机」があるとしよう。ふつうのものの見方（＝「自然的態度」）では、机の現実存在が原因であり、その結果として、私の「意識」に机の知覚像が現われる、とみなされる。「還元」の見方は、ここでの原因と結果を逆転させる。つまり、「私の意識に机の知覚像が現われているので、私は机が現実存在するという確信をもつ」となる。ここでは意識与件が原因であり、机がたしかに存在するという「確信」が結果である。

こうして、あらゆる対象の「存在確信」が「意識」における対象の与えられ方（＝所与性）を根拠として形成（＝「構成」）される、という　a　の変換が、「現象学的還元」の概念の要諦である。そしてここから、そもそもわれわれのさまざまな「認識」（確信の不可疑性）は、どのような意識内の条件において「構成」されるのか、という問いの設定が可能となる。つまり、この問題設定によって現象学は、世界認識の一般構成の原理論となるのである。

フッサールは『イデーン』において、対象確信の成立の構造についての内省、本質観取、純粋記述の作業（つまり現象学的還元）を、おそろしく詳細な仕方で行なっている。そして確信構成の基本構造を、顕在性、地平性、射映、背景的庭、

## ■スポーツ科学部：一般選抜（共通テスト＋小論文方式）

# 問題編



### ▶試験科目・配点

| 試験区分 | 教　科 | 科　目 | 配　点 |
|---|---|---|---|
| 大学入学共通テスト | 外国語 | 英語 | 100 点 |
| | 数学または国語 | 「数学Ⅰ・数学A」または国語 | 100 点 |
| 学部独自試験 | 小論文 | | 50 点 |

### ▶備　考

- 共通テストの英語はリーディング 100 点，リスニング 100 点の合計 200 点を 100 点に，国語は配点 200 点を 100 点に換算する。
- 共通テストの数学と国語を両方受験している場合は，得点の高い方の成績を大学側で自動的に抽出し，合否判定に利用する。
- 小論文の得点が基準点に満たない場合は，不合格となる。

# 小論文

（90分）

ヒトに近い類人猿の四足走行の走速度は時速 40 km を超えるともいわれる。以下の図はヒトの二足走行と四足走行の 100 m 走の世界記録の推移を示している（Kinugasa et al., 2016 を引用改変）。ここから読み取れること，ならびにそれをもとにあなたが考えることを 601 字以上 1,000 字以内で論述しなさい。

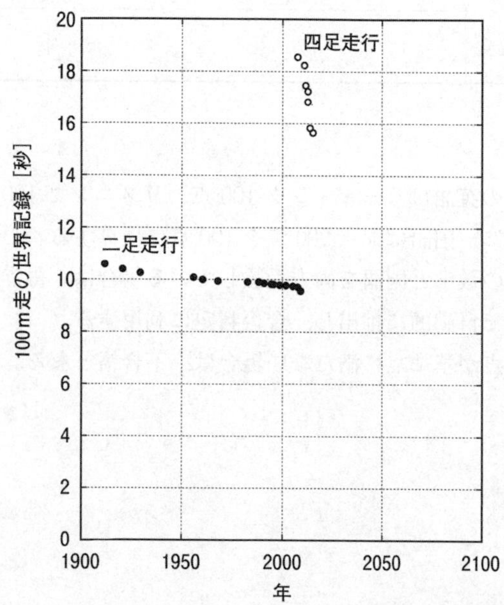


図　ヒトの二足走行と四足走行の100 m走の世界記録の推移

2021年度

# 問題編

■人間科学部：一般選抜（文系方式・理系方式）

〔一般選抜〕

▶試験科目・配点

| 方式 | 教科 | 科目 | 配点 |
|---|---|---|---|
| 文系方式 | 外国語 | コミュニケーション英語Ⅰ・Ⅱ・Ⅲ，英語表現Ⅰ・Ⅱ | 50 点 |
| | 地歴・数学 | 日本史Ｂ〈省略〉，世界史Ｂ〈省略〉，「数学Ⅰ・Ⅱ・Ａ・Ｂ」〈省略〉のうちから１科目選択 | 50 点 |
| | 国語 | 国語総合，現代文Ｂ，古典Ｂ | 50 点 |
| 理系方式 | 外国語 | コミュニケーション英語Ⅰ・Ⅱ・Ⅲ，英語表現Ⅰ・Ⅱ | 50 点 |
| | 数学 | 数学Ⅰ・Ⅱ・Ⅲ・Ａ・Ｂ | 50 点 |
| | 理科 | 「物理基礎，物理」〈省略〉，「化学基礎，化学」〈省略〉，「生物基礎，生物」〈省略〉のうちから１科目選択 | 50 点 |

▶備　考

- 一般（共通テスト＋数学選抜方式）は省略。
- 文系方式または理系方式のどちらかを選択する。
- 数学Ｂは「確率分布と統計的な推測」を除く。

# 英語

(90 分)

**I** 次の英文(i)～(viii)を読んで，設問 1 ～25 の解答として最も適当なものを，(A)～(D)の中から選びなさい。

(i) For more and more of today's university students, screen time is competing with seat time. According to the most recent statistics (from 2016-17), 33 percent of college students take at least one online class: 17.6 percent mix online and in-class coursework, and 15.4 percent exclusively take online classes. Each statistic represents an increase over the year prior, a trend that has continued since 2011. Advocates of online education are quick to celebrate this increase, but the rise of screen time in higher education may harbor some detrimental consequences.

Online courses have obvious benefits: They cut costs and are popular with working students seeking scheduling flexibility. At a number of campuses they also increase educational access. The Orlando Sentinel reports, for example, that the University of Central Florida (UCF), a school with an extensive online catalog, can serve 66,000 students due to that catalog as opposed to the 40,000 its physical campus can accommodate. Thomas Cavanagh, UCF vice provost for digital learning, explains that demand for online offerings is at an ever-increasing level. "Students," he says, "are clearly voting with their behaviors."

But the educational benefits of online courses are less clear. A Brookings Institution report found that students taking online courses "perform substantially worse than students in traditional in-person courses and that experience in these online courses impact performance in future classes and likelihood of dropping out of college as well." The New York Times opinions page editorialized in 2013 that the "online revolution" was "distressing," threatening as it does to "shortchange the most vulnerable students."

1. What is the total percentage of college students who have some online class experience?
(A) 15.4% (B) 17.6% (C) 33% (D) 66%

2. How can the trend in online education participation be described?
(A) Decreasing (B) Increasing
(C) Steady (D) Not enough information given

3. What is NOT increased through the use of online education?
(A) Access (B) Cost
(C) Enrollment (D) Flexibility

4. How are the educational benefits of online courses described?
(A) Extensive (B) Promising
(C) Substantial (D) Unclear

(ii) On Facebook, two-factor authentication, or 2FA, with phone numbers has a two-factored problem. First: The phone number you give to Facebook to help keep your account safe from potential hackers isn't just being used for security. A tweet thread from Jeremy Burge, founder of Emojipedia, on Friday showed that people can find your profile from that same phone number, and you can't opt out of that setting. This comes almost a year after Facebook said it stopped allowing people to search for profiles by phone numbers, and about five months after Gizmodo found that the phone number being used for 2FA was also being provided to advertisers for targeted posts.

Second: Using your phone number for two-factor authentication is susceptible to hacks. What with its string of security and privacy problems in recent months, the massive social network has given people plenty of reason to be skeptical about the features it offers. A personality quiz ends up giving an analytics firm in the UK personal data from you and your friends. A security flaw allows up to 1,500 app developers to see the photos of 6.8 million people. And now, a security feature provides a way for advertisers and strangers to find you with your phone number.

5. What is the purpose of two-factor authentication?
  (A) Facilitate Facebook search.
  (B) Improve account security.
  (C) Improve targeted advertising.
  (D) All of the above

6. Which word best describes Facebook's telephone number search feature?
  (A) Mandatory (B) Optional
  (C) Preferred (D) Secure

7. What kinds of security problems has Facebook NOT experienced?
  (A) Developers are able to access some users' photos.
  (B) Online activity shares personal data with companies.
  (C) People can search using users' phone numbers.
  (D) Users are sent unwanted fake news stories.

(iii) <u>Hard on the heels</u> of discovering what could be a massive impact crater deep under the Greenland ice sheet, scientists think they may have discovered a second, unrelated such structure nearby. The new suspected impact crater is about 22 miles (36 kilometers) wide and, like the first structure, has not yet been definitively identified as an impact crater. There are many more crater-shaped features on Earth than there are actual craters formed by meteorites slamming into the planet.

"I began asking myself, 'Is this another impact crater? Do the underlying data support that idea?'" lead author Joe MacGregor, a

出典追記：(ii) Facebook's two-factor authentication puts security and privacy at odds, CNET on March 5, 2019 by Alfred Ng

glaciologist at NASA's Goddard Space Flight Center in Greenbelt, Maryland, said in a statement. "Helping identify one large impact crater beneath the ice was already very exciting, but now it looked like there could be two of them." MacGregor was also involved in identifying a slightly smaller possible impact crater, dubbed Hiawatha, which was announced in November. In addition to its strikingly circular shape and the elevation features of a rim and central mound that scientists expect in an impact crater, the Hiawatha discovery also sports minerals that appear to have been abruptly shocked by a dramatic event like a meteorite impact.

The new candidate lacks a similar mineral footprint and is thought to be from a meteor based only on elevation data gathered by 11 different remote sensing programs. That data shows a striking dent in the Earth's surface about 114 miles (183 km) southeast of the first structure's location. The second structure is less circular than Hiawatha, but scientists believe they spot the same distinctive rim and interior peaks. Despite the close proximity of the two features, scientists believe that even if both were formed by meteorites striking Earth, they were likely created separately.

8. Which of the following means about the same as the underlined phrase, "hard on the heels?"

(A) Before　　(B) Difficult
(C) In front of　　(D) Soon after

9. What did scientists discover in Greenland?

(A) Crater-shaped depressions　　(B) Impact craters
(C) Meteorites　　(D) Mineral footprints

10. Why do scientists think the newly discovered structure might be an impact crater?

(A) Mineral footprint　　(B) Shape
(C) Size　　(D) All of the above

(iv) Phone addiction is a big deal, so much so that psychologists have discovered some surprising, and some rather unsurprising, long-term mental health effects. Not only does being totally addicted to your phone make you much slower at tasks requiring more than one hand or more than 10% of your attention, but there is apparently a pretty strong negative correlation between the amount of time one spends mindlessly scrolling on social media and one's sense of personal satisfaction and contentment. Makes sense, we suppose. Many phone addicts feel that when we are constantly looking at the stream of ads and packaged content from other people's Instagrams, for example, we miss out on moments of beauty in real life.

Phone addiction can go beyond a nervous habit and turn into perpetual FOMO ("fear of missing out"). The irony of this particular FOMO is that it literally causes missing out. So how do you get a handle on your phone addiction? Some people have apparently found that carrying around a second, fake phone helps keep them from succumbing to mobile phone addiction. This fake phone is here to help you break the habit. Its slim design feels like an iPhone and it fits in your hand, pocket or bag if you need to feel "connected." The thing is: it won't connect ... ever. But if you're used to having your phone next to you in bed, or if somehow your car dashboard feels empty without a phone, or you just need something to fidget with in a meeting or at brunch this is the "phone" to get. On the plus side, its battery will never die (because there isn't one!). And if you drop it in the toilet or sink, you can just fish it out easily with no damage.

11. What is a negative effect associated with phone addiction?
   (A) Difficulty in performing two-handed tasks
   (B) Fear of missing out
   (C) Inability to give full attention to tasks
   (D) All of the above

12. What is NOT a benefit of the fake phone?

(A) Feeling "connected" (B) No need to charge battery
(C) Reduced phone charges (D) Waterproof

13. Near the end of the passage, why is the underlined word "phone" in quotation marks?
(A) Emphasizing it's not real (B) Clarifying the subject
(C) Following grammatical rules (D) None of the above

(v) New Jersey has become the second state in America after California to adopt a law that requires schools to teach about LGBT (lesbian, gay, bisexual, and transgender) history in a move hailed by civil rights groups as a step toward inclusion and fairness. Governor Phil Murphy, a Democrat who promised to promote equality for gay and transgender people during his campaign, signed the bill Thursday. Among those celebrating the news was Jaime Bruesehoff of Vernon, whose 12-year-old transgender child, Rebekah, spoke in support of the bill in Trenton in December. "This bill is so important for our young people," Bruesehoff said. "They need to see examples of themselves in the history being taught and in classes they are going to each day. We know representation matters. By learning about LGBT people who have made amazing contributions to their country, they are seeing possibilities for themselves and hope for the future," she said.

Under the measure, public schools must include lessons about the political, economic and social contributions of individuals who are gay and transgender, starting in the next school year. The bill also requires teaching about contributions of people who are disabled. The law does not apply to private schools. Leaders of civil rights and advocacy groups said the law will give students a fuller history of the United States, promote understanding and help children feel included in school. "Our youth deserve to see how diverse American history truly is and how they can be a part of it one day, too," said Christian Fuscarino, executive director of the advocacy group Garden

State Equality.

14. How many states have laws requiring schools to teach LGBT history?
 (A) One (B) Two
 (C) Most states (D) Not enough information given

15. What values are promoted through the teaching of LGBT history?
 (A) Diversity (B) Fairness
 (C) Inclusion (D) All of the above

16. Why is the teaching of LGBT history important?
 (A) Gives a fuller history of America.
 (B) Increases representation.
 (C) Provides role models.
 (D) All of the above

(vi) Humans couldn't always easily produce "f" and "v" sounds, according to a surprising new study. The reason we can now enjoy words like "flavor" and "effervescent," say the researchers, has to do with changes to the ancestral human diet and the introduction of soft foods—a development that altered the way we bite, and by consequence, the way we talk.

Human speech involves all sorts of wacky noises, from the ubiquitous "m" and "a" sounds found in virtually all languages to the rare click consonants expressed in some South African dialects. Anthropologists and linguists have traditionally assumed that the inventory of all possible speech sounds used by humans has remained unchanged since our species emerged some 300,000 years ago, but new research published today in Science is challenging this long-held assumption.

An interdisciplinary research team led by Damian Blasi from the University of Zurich is claiming that "f" and "v" sounds were only recently introduced into the human lexicon, emerging as a side effect of the agricultural revolution. These sounds, which are now present in the vast majority of all human languages, are what linguists call labiodental consonants — sounds produced by pressing our upper teeth to our lower lip.

Here's the story, as presented in the new study: Around 8,000 years ago, as humans transitioned from predominantly meat-eating lifestyles to agriculture, the foods our ancestors ate became softer, which had a pronounced effect on the human bite. Instead of the edge-on-edge bite exhibited by hunter-gatherers, who had to tear into tough meat, agricultural humans retained the juvenile overbite that usually disappears by adulthood. With the upper teeth slightly in front of the lower teeth, it became much easier to make labiodental sounds. Gradually, and quite by accident, these sounds were integrated into words, which eventually spread across time and space, most notably within the last 2,500 years.

17. What influenced human pronunciation?
 (A) Change in eating habits
 (B) Meeting people who spoke other languages
 (C) Using words with "f" and "v" sounds
 (D) All of the above

18. How does the new study characterize the history of human speech sounds?
 (A) Evolving　　(B) Revolutionary
 (C) Traditional　　(D) Unchanged

19. What change led to new human speech sounds?
 (A) Agricultural lifestyle　　(B) Edge-on-edge biting
 (C) End of the ice age　　(D) Increased communication

(vii) Electric scooters are behind a rash of visits to hospital emergency rooms, a new study finds. More electric scooter riders showed up with injuries in the emergency rooms of two hospitals on Los Angeles' scooter-heavy Westside than either bicyclists or pedestrians, the study published in the medical journal JAMA Network Open found.

While 94 percent of the 249 scooter-related cases were discharged without being admitted, the injuries were significant: Some 40.2 percent were admitted for head injuries, 31.7 percent for fractures and 27.7 percent with sprains, cuts or bruises. "There is a high risk factor there," said Tarak Trivedi, a physician at the Ronald Reagan UCLA Medical Center who co-authored the study.

The study is significant because while limited in scope, it shows the public health threat when electric scooters flood a community. In Los Angeles, startups like Lime and Bird have inundated streets in parts of the city with dockless electric scooters. The authors say it is the first study to look at the injury patterns and clinical outcomes involving electric scooters.

20. How are electric scooter injuries described?
 (A) Limited (B) Risky
 (C) Significant (D) All of the above

21. How are electric scooters described?
 (A) Limited (B) Risky
 (C) Significant (D) All of the above

22. What is the best title for this passage?
 (A) Dockless Electric Scooter Injuries Appear in Los Angeles
 (B) Electric Scooters Overtake Bicycles in Popularity
 (C) Hospitals Overwhelmed with Scooter-related Injuries
 (D) Los Angeles Proposes Law Limiting Scooter Use

(viii) The U.S. Food and Drug Administration (FDA) is accusing 15 national retailers, including Walgreens, Walmart, and several gas station chains, of selling tobacco products to minors. The agency

出典追記：(vii)Study: Electric scooters sending lots of riders to emergency rooms with injuries, USA TODAY on January 25, 2019 by Chris Woodyard disclosed Monday that it is considering "enforcement avenues to address high rates of violations" at the retailers after more than 1 million undercover checks this decade allegedly found high rates of sales to youth.

The FDA said it also sent letters to more than 40 companies that may be illegally marketing certain tobacco products or e-cigarettes. Federal regulators are concerned about increased nicotine vaping among teens, which can lead to cigarette smoking. Tobacco use is a major cause of cancer and other health problems.

In its latest step in a campaign against tobacco use, the FDA is initially targeting Walgreens for what it described as a "disturbing" record of illegal sales to minors "since the company positions itself as a health-and-wellness-minded business." About 22 percent of more than 6,350 Walgreens locations sold tobacco products to minors in an FDA probe, the agency said.

23. How old must one be to buy tobacco products in the U.S.?
(A) Sixteen　(B) Eighteen
(C) Twenty　(D) Not enough information given

24. How did the government learn of tobacco selling violations?
(A) Alleging　(B) Checking
(C) Disclosing　(D) Marketing

25. Why is the government concerned about selling tobacco products to minors?
(A) E-cigarette use can lead to cigarette smoking.
(B) The selling of tobacco products to minors is increasing.
(C) Tobacco can cause cancer and health problems.
(D) None of the above

# II

次の設問 26～40 の空所を補うものとして最も適当な語を，(A)～(K)の中から選びなさい。ただし，使われない語が含まれていることもあります。また，同じ語を繰り返して使うこともできます。空所に何

出典追記：(ⅶ)FDA threatens Walgreens, Walmart, other retailers for allegedly selling tobacco to kids, USA TODAY on March 4, 2019 by Nathan Bomey

も補う必要のない場合には(L)を選びなさい。

| (A) about | (B) at | (C) by | (D) from |
|---|---|---|---|
| (E) in | (F) of | (G) off | (H) on |
| (I) out | (J) to | (K) up | (L) NO WORD |

26. The teacher was well known for always bringing ______ the best in his students.
27. Unexpected torrential rains caused the outdoor concert to be called ______.
28. The lecture was hard to understand until the professor elaborated ______ the key points.
29. Aside ______ crocodiles, travelers can also see a wide variety of other reptiles in Australia.
30. My daughter spent several hours getting ready for her coming-______-age ceremony.
31. The train arrived over an hour late ______ account of the heavy rainfall in the mountains.
32. The professor explained her new theory ______ length to her seminar students.
33. Demolition of the historic theater was halted ______ the face of opposition from residents.
34. I am a doctor ______ profession but in the evenings I am a volunteer fire fighter.
35. Bear ______ mind that most airlines require you to check in 45-60 minutes prior to departure.
36. Their hard training finally paid ______ and the Waseda baseball team won the championship.
37. All new members of the country club have to conform ______ its rules and regulations.
38. James struck ______ me as someone who knows how to do business in Japan.

39. After months of discussion, Amy finally got her father to consent ______ her marriage.

40. Because of his scandalous words and deeds, the politician was kicked ______ of office.

## III

次の設問 41～50 の A～D のうち，誤った英語表現を含んだ部分がある場合には A～D の中の一つを，誤りがない場合には E を選びなさい。

41. Miki <u>is planning to</u>(A) <u>go to abroad</u>(B) <u>to study</u>(C) as soon as she <u>graduates from high school</u>(D). NO ERROR(E)

42. <u>Has it not</u>(A) <u>been for</u>(B) a tennis scholarship, I <u>wouldn't have</u>(C) <u>been able to</u>(D) go to college. NO ERROR(E)

43. The official emphasized <u>the need to revise</u>(A) the <u>eligibility criteria for</u>(B) immigration <u>as they were</u>(C) <u>too complicated</u>(D). NO ERROR(E)

44. <u>Should you have</u>(A) <u>any more questions</u>(B) about our program, please <u>do not hesitate</u>(C) <u>asking us</u>(D). NO ERROR(E)

45. Because news of the scandal <u>spreads out</u>(A) <u>across the internet</u>(B), <u>the company</u>(C) finally <u>opened</u>(D) an internal investigation. NO ERROR(E)

46. <u>No sooner</u>(A) <u>had Karen entered</u>(B) the meeting than she <u>was asked to make</u>(C) her presentation <u>to the group</u>(D). NO ERROR(E)

47. <u>The popularity of digital music</u>(A) <u>has considerable</u>(B) <u>deprived us of</u>(C) the pleasure of <u>listening to</u>(D) vinyl records. NO ERROR(E)

48. It's about time A you forgave B her for what she said C last fall since she didn't meant D to hurt you. NO ERROR E

49. The internet does not always A keep us informing B of the events C taking place D in the world. NO ERROR E

50. I'll explain you A how to fix your PC step by step B, time-consuming though C that may be D. NO ERROR E

# 数学

〔注意事項〕

1．分数形で解答する場合の分母，および根号の中の数値はできるだけ小さな自然数で答えること。

2．1から5までの ア ，イ ，ウ ，…にはそれぞれ，$-59$，$-58$，…，$-2$，$-1$，0，1，2，…，58，59 のいずれかが当てはまる。次の例にならって，マーク解答用紙のア，イ，ウ，…で示された欄にマークして答えること。

〔例〕 アに 3，イに $-5$，ウに 30，エに $-24$，オに 0 と答えたいとき。

| | | 十の位 | | | | | 一の位 | | | | | | | | | |
|---|---|---|---|---|---|---|---|---|---|---|---|---|---|---|---|---|
| | − | 1 | 2 | 3 | 4 | 5 | 0 | 1 | 2 | 3 | 4 | 5 | 6 | 7 | 8 | 9 |
| ア | ○ | ○ | ○ | ○ | ○ | ○ | ○ | ○ | ○ | ● | ○ | ○ | ○ | ○ | ○ | ○ |
| イ | ● | ○ | ○ | ○ | ○ | ○ | ○ | ○ | ○ | ○ | ○ | ● | ○ | ○ | ○ | ○ |
| ウ | ○ | ○ | ○ | ● | ○ | ○ | ● | ○ | ○ | ○ | ○ | ○ | ○ | ○ | ○ | ○ |
| エ | ● | ○ | ● | ○ | ○ | ○ | ○ | ○ | ○ | ○ | ● | ○ | ○ | ○ | ○ | ○ |
| オ | ○ | ○ | ○ | ○ | ○ | ○ | ● | ○ | ○ | ○ | ○ | ○ | ○ | ○ | ○ | ○ |

## ◀理系方式▶

(60分)

**1** (1)　8人のメンバーで，2人組（ペア）を4組作る方法は $n$ 通りある。$n$ を100で割った商は［ア］で，余りは［イ］である。

(2)　8人のメンバーで，2人組（ペア）を4組作って，ある作業に取り組んだ後，同じ8人で次の作業に取り組むペアを作るために，くじ引きをした。このとき，8人全員がくじ引き前と異なるメンバーとペアになる確率は $\dfrac{\boxed{\text{ウ}}}{\boxed{\text{エ}}}$ である。ただし，くじは公平でどの2人もペアになる確率は等しいものとする。

**2** (1)　次の連立不等式の表す領域の面積は $\dfrac{\boxed{\text{オ}}\sqrt{\boxed{\text{カ}}}}{\boxed{\text{キ}}}$ である。

$$\begin{cases} \log_4 y+\log_{\frac{1}{4}}(x-2)+\log_4\dfrac{1}{8-x}\geqq -1 \\ 2^{y+x^2+11}\leqq 1024^{x-1} \end{cases}$$

(2)　3辺の長さがそれぞれ5，16，19の三角形の面積は $\boxed{\text{ク}}\sqrt{\boxed{\text{ケ}}}$ である。

(3)　$n$ 進法で $2021_{(n)}$ と表される数が，素数であるような $n$ の最小値を十進法で表すと［コ］となり，合成数である（素数ではない）ような $n$ の最小値を十進法で表すと［サ］となる。

**3** 自然数 $n$ について，連立不等式

$$\begin{cases} x\geqq 0 \\ \dfrac{1}{4}x+\dfrac{1}{5}|y|\leqq n \end{cases}$$

を満たす整数の組 $(x,\ y)$ の個数は，$n=1$ のときは $\boxed{\text{シ}}$ であり，$n$ の式で表すと，

$$\boxed{\text{ス}}\,n^2+\boxed{\text{セ}}\,n+\boxed{\text{ソ}}$$

となる。

**4** 点 $\mathrm{M}_1(0,\ 0)$ を中心に点 $(1,\ 0)$ を，時計の針の回転と逆の向きを正として，$\theta$ だけ回転させた点を $\mathrm{P}_1$ とする。次に，線分 $\mathrm{M}_1\mathrm{P}_1$ の中点を $\mathrm{M}_2$ とし，この $\mathrm{M}_2$ を中心に点 $\mathrm{P}_1$ を $\theta$ だけ回転させた点を $\mathrm{P}_2$ とする。同様に自然数 $n$ に対して，線分 $\mathrm{M}_n\mathrm{P}_n$ の中点 $\mathrm{M}_{n+1}$ を中心に点 $\mathrm{P}_n$ を $\theta$ だけ回転させた点を $\mathrm{P}_{n+1}$ とする。$\mathrm{P}_n$ の座標を $(x_n,\ y_n)$ とする。

$\theta=\dfrac{\pi}{4}$ のとき，$x_2=\dfrac{\sqrt{\boxed{\text{タ}}}}{\boxed{\text{チ}}}$，$y_2=\dfrac{\boxed{\text{ツ}}+\sqrt{\boxed{\text{テ}}}}{\boxed{\text{ト}}}$ である。

$\theta=\dfrac{\pi}{3}$ のとき，$\displaystyle\lim_{n\to\infty}x_n=\boxed{\text{ナ}}$，$\displaystyle\lim_{n\to\infty}y_n=\dfrac{\sqrt{\boxed{\text{ニ}}}}{\boxed{\text{ヌ}}}$ である。

**5** 原点を O とする座標平面上で，2 点 $(\sqrt{5},\ 0)$，$(-\sqrt{5},\ 0)$ を焦点とし，2 点 $\mathrm{A}(1,\ 0)$，$\mathrm{A}'(-1,\ 0)$ を頂点とする双曲線を $H$ とする。$H$ の方程式を $\dfrac{x^2}{a^2}-\dfrac{y^2}{b^2}=1$ と表すとき，$a^2=\boxed{\text{ネ}}$，$b^2=\boxed{\text{ノ}}$ である。双曲線 $H$ の漸近線のうち，傾きが正であるものの方程式は，

$$y=\boxed{\text{ハ}}\,x$$

である。

点 $\mathrm{P}(p,\ q)$ は双曲線 $H$ の第 1 象限の部分を動く点とする。点 P から $x$ 軸に下ろした垂線の足を Q，直線 PQ と双曲線 $H$ の漸近線との交点のうち，第 1 象限にあるものを R とする。点 P における $H$ の接線と直線 $x=1$ との交点を M とし，直線 OM と直線 AP との交点を N とする。三角形 OQR の面積を $S$，三角形 OAN の面積を $T$ とするとき，$\dfrac{T}{S}$ は，

$p=\sqrt{\boxed{\text{ヒ}}}$ のとき，最大値 $\dfrac{\boxed{\text{フ}}}{\boxed{\text{ヘ}}}$ をとる。

ハ　大疫病が流行したとき、負局先生は各戸に薬を配ったので、呉の人は奇妙な仙人だと思って、山に追いやってしまった。

ニ　負局先生は、人々が簡単に到達できないような断崖絶壁に移り住んでいたが、薬をつりおろして人々に分け与えていた。

ホ　負局先生は、蓬萊山に帰るとき神水として崖から白い水を流したものの、呉の人々にとっては薬の方がありがたかった。

ヘ　負局先生は、金銭には厳しかったものの多くの人々を救ったので、十数箇所に祠が建てられ、治病神としてまつられた。

ハ　しゆじんにとふにしつくあるもののなきをえんやと
ニ　しゆじんはしつくのものあることなきをうるととふと
ホ　しゆじんをうるにしつくのものありやなきやをとふと

問二十二　傍線部2「活者万計、不取一銭」の意味として最も適切なものを次の中から一つ選び、解答欄にマークせよ。
イ　元気な者に先生は一万銭を要求したが、鏡の顧客は一銭払うだけで済んだ
ロ　生きている者は負局先生から一万銭をもらい、一銭も払うことはなかった
ハ　活動的な者は一万歩あるいたために、負局先生の薬はわずか一銭で済んだ
ニ　助かった者は一万人以上を数えたが、負局先生は一銭も受け取らなかった
ホ　疫病から生きかえった者は一万人いたが、鏡の代金は変わらず一銭だった

問二十三　傍線部3「将欲去時」の意味として最も適切なものを次の中から一つ選び、解答欄にマークせよ。
イ　いよいよ呉山から去ろうとするとき
ロ　これから蓬萊山に行こうとするとき
ハ　将軍と別の世界に去ろうとするとき
ニ　まさに下人と共に行こうとしたとき
ホ　人々を率いて山に去ろうとしたとき

問二十四　この文章の内容に合致するものを次の中から二つ選び、解答欄にマークせよ。
イ　負局先生は、北方方言を話し、南方の呉国で常に箱を背負って鏡を磨いていたが、人々から代金を取ることはなかった。
ロ　負局先生は、市中で鏡を磨き代金として一銭を受け取っていたが、具合の悪い者には紫の丸薬を与えて、数十年を経た。

# 三

次の文章を読んで、あとの問いに答えよ。なお、設問の都合上、返り点・送り仮名を省いたところがある。

負局先生者、不レ知二何許ノ人一也。語ハ似タリ二燕・代間ノ人一。常ニ負ヒテ二磨鏡ノ局一、徇(めぐ)リ二呉市中一、衒(う)ルニ磨クコトレ鏡ヲ一銭ナリ。因リテ磨スニレ之ヲ、輒チ[1]問主人得無有疾苦者。輒チ出シテ二紫丸薬ヲ一以テ与フレ之ニ。得ル者莫シレ不ルレ愈(いや)サ。如クレ此ノ数十年、後ニ大疫病アリテ、家ニ至リ戸ニ到リ与フルニレ薬ヲ、[2]活者万計、不レ取一銭。呉人乃チ知ル二其ノ真人ナリト一也。後ニ主(やど)リ二呉山ノ絶崖頭ニ一、懸ケレ薬ヲ下シテ与フレ人ニ。[3]将欲去時、語リテ二下人ニ一曰ハク、吾還ル二蓬莱山ニ一、為ニ二汝曹ノ一下(サント)サント二神水ヲ一。崖頭一旦ニ有リレ水、白色ノ流レ従リ二石間一来リ下ル。服スルモノレ之ヲ多ク愈スレ疾ヲ。立ツルコトレ祠ヲ十余処ナリ。

（劉向『列仙伝』による）

（注）局……はこ。
燕……古代の地名。今の北京市・河北省付近。
代……古代の地名。今の山西省付近。
呉……古代の地名。今の上海市・浙江省付近。
衒……歩きながら売る。
汝曹……おまえたち。

問二十一　傍線部１「問主人得無有疾苦者」の読み下し文として最も適切なものを次の中から一つ選び、解答欄にマークせよ。

イ　しゆじんにむうをとふにしつくのものをえんやと

ロ　しゆじんにとふにしつくのあるなしをうるものかと

ハ　至善人は路に千金を
ニ　これを明徳の鏡といふ
ホ　われ若かりしとき

問十九　傍線部5「問ひし人」は文中の誰を指すか。最も適切なものを次の中から一つ選び、解答欄にマークせよ。

イ　友人　ロ　農業の人　ハ　余　ニ　至善人　ホ　経学者

問二十　この文章の内容に合致するものを次の中から二つ選び、解答欄にマークせよ。

イ　友人が狐を捕えそこねたということなので、銕炮で打てば簡単だが、罠にかけて捕えるのはなかなか難しいと答えた。
ロ　人をも欺く妖魅の術を身につけていながら、その一方で罠にかかって捕えられるのは不可解だと友人がいぶかしんだ。
ハ　邪智のふかい人が、それをたのんで悪事をおこない、ついに身をほろぼすことになるのは自業自得というべきである。
ニ　欲に心を動かされずに行いをつつしむ人は、明徳の鏡に善悪を照らし視て判断しているのだと経学者から教えられた。
ホ　明徳の鏡はすべての人が持っているというものではなく、また日ごろこれを磨いておかないと役立たないものである。
ヘ　狐の話に仮託して儒教の四書の教えを若者にそれとなく諭したのであるが、その若者にとっては無用の長舌であった。

イ 友人　ロ わが親しき者　ハ 狐　ニ 余　ホ 至善人

問十六 傍線部3「それとは知りながらこれを喰らひて、かへつて人をあざむかんとして捕へらるるならんか」の意味として最も適切なものを一つ選び、解答欄にマークせよ。

イ 狐は、妖魅の術を使えば人を欺くことができると思い込んでいるので、餌を喰らわず罠にかかり、かえって人に捕えられようとするのであろうか。

ロ 人は、よき餌で罠をかけ狐を捕えようとするのであるが、狐もまた人を欺こうとして、かえって人に捕えられることになってしまうのであろうか。

ハ 狐は、人が狐を欺いて捕えようとしていることを知っていながら、餌を喰らって罠にかかり、かえって人を欺こうとして捕えられるのであろうか。

ニ 人は、狐が妖魅の術を使って欺くことをよく知っていながら、かえってそのことを知らぬことのように装って、狐を捕えようとするのであろうか。

ホ 狐は、みずからが欲を捨ててつつしむことのできない者であることを知っているから、かえって人の欲望のためには捕えられてしまうのであろうか。

問十七 空欄 a ・ b に入る語として最も適切なものを、それぞれ次の中から一つずつ選び、解答欄にマークせよ。ただし同じ記号を用いてはならない。

イ 欲　ロ 餌　ハ 余　ニ 人　ホ 狐

問十八 傍線部4の助詞「と」が受ける範囲はどこからはじまるか。最も適切なものを次の中から一つ選び、解答欄にマークせよ。

イ 鋏炮をもつてするは

ロ 邪智あるものは

邪智あるものは悪事とは知りながら、かく為(な)さば人は知るまじと、おのれが邪智をたのみ、つひには身をほろぼすにいたる。淫欲も財欲も、欲はいづれも身をほろぼすのうまき餌なり。至善人(よきひと)は路に千金を視(み)、室(いへ)に美人と対すれども、心みだりに動かざるは、とどまることを知りてさだまる事あるゆゑなり。かかる人は胸に明らかなる鏡ありて、善悪を照らし視て、よきあしきを知りて、その独りをつつしむ。これを明徳の鏡といふ。この鏡は天道(てんたう)さまより誰にもたれにも与へおかるれども、磨かざれば照らさずと、われ若かりしとき、ある経学者(けいがくしや)の教へに聞きし4と、狐の話につけ大学のわなにかけて諷諫(ふうかん)せしは、5問ひし人弱年(としわか)にて、しかも身もちのくづれかかりし者なればなりき。ここには無用の長舌なれど、思ひいだししにまかせてしるせり。

（鈴木牧之『北越雪譜』による）

（注）　帰るさ……帰るとき。
二町……二百メートル余。
経学者……儒教のもっとも基本的な文献（経書）を研究する学者。
諷諫……ほかのことに託けて遠回しにいさめること。

問十四　傍線部1の助詞「と」が受ける範囲はどこからはじまるか。最も適切なものを次の中から一つ選び、解答欄にマークせよ。

イ　さるにても
ロ　持ち帰りて
ハ　鐺を手にさげて
ニ　鐺の内に声ありて
ホ　我をいづくへ

問十五　傍線部2「かれ」は文中の何を指すか。最も適切なものを次の中から一つ選び、解答欄にマークせよ。

問十二　傍線部9「カーツワイルの立論」を端的に説明している箇所を、本文の「＊＊＊＊」以降の文章中より、十一字以上十五字以内で抜き出し、記述解答用紙の解答欄に記せ。なお、句読点や括弧・記号などが含まれる場合には、それぞれ一字分に数え、必ず一マス用いること。

問十三　この文章の内容に合致するものを次の中から二つ選び、解答欄にマークせよ。

イ　フロリディは学習型よりも記号計算主義的なAIモデルの方を高く評価しており、後者を掘り下げて議論した。
ロ　フロリディはC-3PO型の皿洗いロボットにAIの発展の可能性を感じ、さらに哲学的な構想を進めてきた。
ハ　フロリディは機械情報と人間情報は本質的に異なるから、機械と人間の文脈は平行線を辿るしかないと述べた。
ニ　フロリディは規範となる指示を人間が与えなくても、コンピュータが人間の活動の一部を再現できると考えた。
ホ　フロリディはまだ記号ではないものに記号的な意味が付与されると、歴史的特異点を迎えてしまうと危惧した。
ヘ　フロリディは情報が関わる実在は多彩であり、そこから何が生まれるかを丁寧に考察すべきであると主張した。

# 二

次の文章を読んで、あとの問いに答えよ。

友人いはく、わが親しき者、となり村へ夜(よ)ばなしに往きたる帰るさ、道のかたはらに茶鑵(ちゃがま)ありしが、頃しも夏のことなりしゆゑ、農業の人の置き忘れたるならん、さるにても腹悪しきものは拾ひ隠さん、持ち帰りて主(ぬし)を尋ねばやと、鑵を手にさげて二町ばかり歩みしに、しきりに重くなり、鑵の内に声ありて我を1いづくへ連れ行くぞといふに、肝を消し鑵を捨てて逃げ去りしに、狐まへに走り草の中へ走り入りしといへり。こはかれが一時のたはむれなるべし。かかる妖魅(えうみ)の術は2かありながら人にあざむかれて捕へらるるは如何(いかん)。余答へていふ。鋏炮(てつぱう)をもつてするは論なし。よき餌をもつてするは、かれ人のあざむくを知れども欲を捨ててつつしむことあたはず。3それとは知りながらこれを喰らひて、かへつて人をあざむかんとして捕へらるるならんか。これ邪智(じゃち)ふかきゆゑなり。あに［ a ］のみならんや、［ b ］もまたこれに似たり。

ロ　概念表象にまったく依存せずに人間と同様の行動をコンピュータにおこなわせることができるが、そこから自動的に意味作用が形成される保証はないから。
ハ　概念表象にまったく依存せずに人間がおこなう意味作用をコンピュータが自発的に獲得していけるのではないかと期待するのは危険な考え方であるから。
ニ　概念表象にまったく依存しないロボット型自動運転掃除機の行動には人間の心理機能が含まれるため、人間に近い存在であると判断するのは誤っているから。
ホ　概念表象にまったく依存しない行動主義的心理学に基礎をおく機械の行動から自然に意味作用が生まれ、人間行動の理解が進むと期待しても無駄であるから。

問十一　傍線部8「行為による意味形成」とあるが、その説明として最も適切なものを次の中から一つ選び、解答欄にマークせよ。

イ　人間がコンピュータに明確な指示を与えることによってはじめて、コンピュータがデータ検知をおこない、その情報を次のコンピュータが受け取るという輪のなかで、記号と呼ぶにふさわしい何かが出来上がること。
ロ　コンピュータが自ら作動し始め、その信号に反応した人間の行為を検出すると、別のコンピュータがそれを処理して、もとのコンピュータに情報を戻していくという流れのなかで、なんらかの記号化が生じていくこと。
ハ　なんらかの行為をコンピュータが検出して発した信号を、別のコンピュータが受信し、パターン認識してさらに発信をしていくという繰り返しのなかで、人間が介在せずとも、意味ある記号が自ずと生じてくること。
ニ　データの検知・処理・出力というフローを基本とするコンピュータ・マシンの属性により、記号として処理された行為が発見され、コンピュータ間を巡っていく過程において、自発的に記号の意味づけが強化されること。
ホ　実在が多様であるインフォスフィア内の相互作用は複雑であるがゆえに、コンピュータがパターン認識をすすめるには人間の力が必要不可欠であり、繰り返し処理をする過程で自然に記号としての意味が生まれること。

ニ　コンピュータと人間がおこなう情報処理には相違があるものの、データの意味作用によっては、機械情報であっても自然言語のような働きを持つようになる可能性があるから。

ホ　機械情報が自然言語になり得ないことはたしかであるが、それは機械と人間のデータ処理方法が異なることによるものではなく、科学との応答可能性が異なることによるものだから。

問九　傍線部6「フロリディの評価は低いものとなる」とあるが、その理由として最も適切なものを次の中から一つ選び、解答欄にマークせよ。

イ　コンピュータにデータ処理をさせる前に、プログラマが志向性を張り付かせた概念表象を除外して命令することに変わりがないから。

ロ　人間の活動の模倣をコンピュータに命じる前に、その根幹よりも外側の知能機能の文脈や概念表象を与えることに変わりがないから。

ハ　コンピュータは人間より知能的に劣るので、それを補うには事前に概念表象を注入し、ＣＰＵを外部的に強化することに変わりがないから。

ニ　概念表象やコンピュータに与える命令群の基軸となる手続きを、事前にコンピュータと人間が協調して決めておくことに変わりがないから。

ホ　概念表象や人間の実践の基本となる手順や進め方を、プログラマがコンピュータに前もって指示することに変わりがないから。

問十　傍線部7「フロリディは、じつは、ブルックスの論立てを必ずしも評価していない」とあるが、その理由として最も適切なものを次の中から一つ選び、解答欄にマークせよ。

イ　概念表象にまったく依存せずにコンピュータが自動化を促進することによって、機械が人間の知能と同等の能力を持っていくと考えるのは時期尚早であるから。

ロ　人間が経験する文脈と機械が扱うデータの文脈の水準を混同しているだけであるので、そもそもフレーム問題は存在しないと考えられるから。

ハ　コンピュータがセンシングやデータ処理をしたのち、アクチュエータを通して実行し続ければ、自ずからフレーム問題は解決するものだから。

ニ　記号接地問題に近い性質を持っているので、人工言語や人工記号を地に足がついたものにできれば、自然言語として処理することが可能になるから。

ホ　コンピュータがその固有の物質的組成を持つ身体においてデータ処理をおこなうことは、人間の知能活動を部分的にでも実行することになるから。

問六　空欄 c に入る適切な表現を、空欄 c 以前の本文中より、五字以内で抜き出し、記述解答用紙の解答欄に記せ。なお、句読点や括弧・記号などが含まれる場合には、それぞれ一字分に数え、必ず一マス用いること。

問七　空欄 d に入る最も適切なものを次の中から一つ選び、解答欄にマークせよ。

イ　全的に模倣　ロ　心的に代替　ハ　質的に解決　ニ　動的に学習　ホ　量的に推測

問八　傍線部5「ミスリーディングである」とあるが、その理由として最も適切なものを次の中から一つ選び、解答欄にマークせよ。

イ　機械と人間の物的文脈の違いを前提とすると、両者はそれぞれの文脈の違いを超えて共同し、いずれは人間の期待通りの挙動をし、両者は同化していく可能性があるから。

ロ　コンピュータが扱う情報やデータによって、機械は人間の知能を超えた能力を発揮する可能性があり、フレーム問題の解決と相まって、その将来は非常に有望であるから。

ハ　機械情報にもとづくコンピュータ言語よりも自然言語の方が優れているという考えは誤りであり、AIの今後の展開次第では自然言語を凌駕する存在となりうるから。

ロ　人間が処理しきれない諸課題を顕在化させ、それをコンピュータが処理できるようにプログラムすること。
ハ　人間が達成している知能活動の一面を切り出し、それを代替すべき課題として設定すること。
ニ　人間がおこなっている情報処理方法に近づけるのを通じて、アルゴリズムを精緻化しようとすること。
ホ　人間が解決できない実社会の課題を選択し、パーセプトロンの多層化によって学習させようとすること。

問四　傍線部３「フレーム問題」とあるが、その問題に関する著者の説明として最も適切なものを次の中から一つ選び、解答欄にマークせよ。

イ　人間知能による認知的記号処理は文脈に則しておこなわれるが、機械による情報処理は文脈とは独立しているので、人工知能は人間知能と完全には置き換えられないという問題。
ロ　人間知能による認知的記号処理は具体的な活動実践の文脈において進めるという固有性をもっているが、コンピュータはそれを超越する能力はあっても、実践ができないという問題。
ハ　人間知能による認知的記号処理は文脈を利用しておこなわれるが、コンピュータは環境世界を捉えるフレームとしての身体が存在しないためにそれをうまくおこなうことができないという問題。
ニ　人間知能による認知的記号処理と同じ仕組みで動作するコンピュータによるC－3PO型ロボットが開発されない限り、人間による活動実践を再現することは困難であるという問題。
ホ　人間知能による認知的記号処理とコンピュータによる情報処理を同質のものとして扱う限りにおいては、アルゴリズムの発見が極めて難しく、プログラム処理ができないという問題。

問五　傍線部４「この問題は、フロリディによれば、回避することができる」とあるが、その理由として最も適切なものを次の中から一つ選び、解答欄にマークせよ。

イ　環境世界に対してデータがどう関わっているかという視点での意味作用を人間の経験の文脈と分離することによって、合理的に解決できるから。

センシング……感知器を使って計測すること。
二〇〇一年宇宙の旅……一九六八年公開のSF映画。HALは人間の乗組員とともに木星探査に向かったAI。
スターウォーズ……一九七七年公開のSF映画。C-3POは人間のように振る舞い、会話をする人型ロボット。
アクチュエータ……受け取った信号に従って動作する装置。
畢竟……結局。つまるところ。つまり。
インフォスフィア……情報圏。情報の総体。
CPU……コンピュータの中心的な部品。Central Processing Unit の略語。

問一　空欄 a ・ b に入る語句の組み合わせとして最も適切なものを次の中から一つ選び、解答欄にマークせよ。
イ　a 一元　b 多元　ロ　a 楽観　b 悲観　ハ　a 実在　b 懐疑
ニ　a 観念　b 感情　ホ　a 構文　b 意味　ヘ　a 理想　b 運命

問二　傍線部1「構文論（シンタックス）的であるだろう」とあるが、その説明として最も適切なものを次の中から一つ選び、解答欄にマークせよ。
イ　コンピュータが扱う情報に関するデータ論的アプローチは、見通しのよい議論を展開できるということ。
ロ　コンピュータなどの機械が処理する情報と人間が生きる世界での情報は、相互に結びついているということ。
ハ　コンピュータが読み解く情報と人間の経験上の解釈とのつながりは、一定程度留保しておけるということ。
ニ　コンピュータは、それ自体が取り扱うことのできる情報をその仕組みに沿って処理するものであるということ。
ホ　コンピュータの振る舞いについてのフロリディの論立ては、哲学的に十分に理解できるということ。

問三　傍線部2「その有効性が強く主張されているディープラーニング型AI」とあるが、その有効性に関する著者の説明として最も適切なものを次の中から一つ選び、解答欄にマークせよ。
イ　人間の活動を多角的に分析して、データのアウトプットの精度を向上させようとすること。

ひとつのコンピュータ・マシンが検知し、そのパターン認識をすすめる。そして、そのふたつめのコンピュータは、その行為において信号を発することとなる。それが次には、もとのコンピュータへと検知されるだろう。そうした繰り返しのなかで、次第に、記号と呼ぶにふさわしい何かが出来上がっていくのではないか。それがフロリディのアイディアである。確認しておこう。フロリディの論立てにおいては、情報が関わる意味作用は多様だ。畢竟、情報が関わる実在も多様である。自らの考える情報存在論は、デジタルという観念を過度に拡張する存在論、すなわち、一元化した実在を唱える立場とは異なるのだとも述べている。情報が成す実在の間の相互作用もまた、多岐にわたり、一元的に捉えうるものではないのだ。そういう前提もまた、この、コンピュータによる「行為による意味形成」には折り込まれている。こうした見立ては、フロリディの技術論と重ね合わされ、彼の情報存在論をいっそう精緻化するだろう。インフォスフィアを成り立たしめている実在は多岐にわたるのであり、そうである以上、こうした実在の相互作用が何を生み出していくのかについての行方についても、大雑把な議論ではなく、できるだけ合理的になされる慎重な腑分け作業こそが要請されるだろう、というのである。

　これらの主張が導くのは、「シンギュラリティ」をめぐる論議は、「憶測」の域を出ないものだという主張である。実際、
9 カーツワイルの立論は、「人間の知能レベルに到達するために必要な計算機能とメモリ量を分析し、二〇年以内に廉価なコンピュータで、その水準に到達できると自信をもっていえる」という言葉に端的にあらわれているように、素朴な一元論であり、大枠のところでは、人間の脳の計算処理速度が、CPUだけではなく関連デバイスが指数関数的に発展する複合機械としてのコンピュータの計算処理速度に追い抜かれるという論点が中心である。そもそもコンピュータとは何か、計算とは何か、情報とは、データとは、と基礎論的な考察を丁寧に掘り下げたフロリディからしてみると、こうした主張はあまりに粗雑ということになるのである。

（北野圭介「データ、情報、人間」）

（注）ブール代数……論理を記号化して得られた代数。

ついてより自覚的であるもので、畢竟（ひっきょう）、概念表象に関わる記号を物理的に具現化することを目指そうとするものである。ポール・ヴォグトなどの試みが代表となるが、これはチャールズ・パースの記号論――すなわち、イコン、類似、シンボルという解釈者に対して段階的に記号上の抽象化を強めることに着眼する論――を援用することが多くなる。だが、容易に推察できることだが、パース自身が認めていたように、記号論は解釈者自身にとっての記号作用の変移に対する捉え方なので、ＡＩマシンがどのようにそれを扱うのかは未定であり、翻っていえば、物理的に接地された概念表象の記号をそれと認めるのは、これもまた、それを書き込む人間（システム設計者）ということになるだろう。第三のアプローチ（非表象主義）は、概念表象にはまったく依存しない設計を謳うものだが、これはロボット型自動運転掃除機の設計をおこなった気鋭のロボティックス研究者ロドニー・ブルックスの論に代表させている。一見近しいようにもみえるが、7フロリディは、じつは、ブルックスの論立てを必ずしも評価していない。そこには、人間の心理機能をその行動から発生したものとする行動主義的心理学をモデルにしすぎているきらいがあり、畢竟、なんらかの（機械の）行動から（人間と同じように）自動的に意味作用が形成してくるとするのは過剰な期待だけが先行しているからである。

　これらを踏まえ、フロリディが唱えるのは、次のような二セットのマシンから成るＡＩに可能性をみるプログラムである。

　その理論的準備として、彼は次のようにいう。コンピュータなるものは、一般に、いつもすでに「（身）体化されている」あるいは「状況に組み込まれている」という物的文脈をきちんと捉えておく必要がある。それを踏まえ、8「行為による意味形成（action-based semantics）」という考えを提案するのである。行動主義心理学の影響が強い「行動」という用語ではなく、人間的な圏域からよりニュートラルな「行為（action）」という用語を選んでいることに注意しよう。見込まれているのは、そうした意味が出来上がる一歩手前、しかし、その形成に向けて作動しはじめるデータ検知と処理そして出力をおこなうコンピュータ・マシンの属性である。そこに、未だ記号ではないものの、記号化を誘発するようなデータ群が立ち現れているといえると論じるのだ。そのような、行為のなかにあるマシンのひとつの全体から発されている信号を、いま

とはいえ、ここでは、ＡＩに関わるフロリディの議論にもう少し踏み込んでみておく必要がある。上のような、機械情報と人間情報は、その物的文脈が異なることから、その知能のあり方までも異なるであろうという主張だけでは、機械と人間とは物的に違うものだということしか述べておらず、それより先のことはほとんど空想といっていい期待値になりかねないからである。いい方を換えるならば、素朴なＡＩ批判の主張を裏返しに述べただけであるとさえいえる。論じられるべきは、その先の分析がいえるかどうかである。もっといえば、機械と人間の物的文脈の違いという前提のもとに、では、具体的には、ＡＩの今後のあり方について、その設計に関わって方向を示すことができるのかどうか、である。科学との応答可能性を自負する分析哲学なら、それは避けて通れない課題だろう。

＊＊＊＊

じつのところ、フロリディはＡＩについてかなり掘り下げた議論を展開している。

ＡＩの設計理念に関わる区分けに加え、フロリディは、しかも記号接地問題を考察するために、別の角度から種類分けを試みている。すなわち、データ処理の仕組みを知能なるものに接近させるに関わって、分類概念や目標概念なども含め抽象概念、すなわち概念表象をどこまで取り入れているかという観点から、ＡＩ設計のモデルを、表象主義と、半表象主義、さらに非表象主義の三つのアプローチに分けているのである。

第一のもの（表象主義）は、積極的に、知能というにふさわしいデータ処理をおこなうためには、概念表象をあらかじめ設計することが不可欠であるというアプローチである。しかし、このアプローチでは、人間（プログラマ）があらかじめ、そのアルゴリズムの中核を外部的に設計するに等しく、これは知能に近い自動的なデータ処理をおこなうとはいいがたいという評価になる。ロン・サンが企てた「クラリオン」プロジェクトのように、たとえ物的文脈への依存という特性に対して現象学（ハイデッガー）的な「世界内存在」の考えを採用し、そうした志向性を張り付かせた表象という設定を基軸に置くとしても、だ。これもまた、概念表象を外部から注入するという点では変わりはなく、知能機能を外部から設定することになるもので、[6]フロリディの評価は低いものとなる。第二のアプローチ（半表象主義）は、物質組成の差異に

grounding problem）に、一定程度の解決案も示唆するからである。

フレーム問題とは、単純化すれば、こういうことだ。人間知能による認知的記号処理は、その記号が関わる具体的な状況に依存する。つまり、解釈は文脈依存性があってこそなされるという基底的な性質が、人間の認知能力に固有なものとしてあり、もし記号の意味作用がその意味での解釈と同値であるならば、そうした文脈から独立した、コンピュータの情報処理能力では、それを代替することは本質的にできないということになるのである。だが[4]この問題は、フロリディによれば、回避することができるものだ。これは、環境世界に対してデータがどう関わっているかという視点での意味作用の水準と、人間がその身体において経験する文脈の場の水準を混同していることから生じる問題にほかならないからである。コンピュータはその物質的組成、すなわちそれ特有の身体において、センシングをおこないデータ処理をおこないそれをアクチュエータを通して、行為へと推進（prompt）する。それだけなのであって、それ以上でも以下でもない。ただ、そのかぎりにおいて、人間の知能活動の一部を代替して［ c ］ことができるのである。

さらにフロリディによれば、記号接地問題についても、同じく合理的なかたちで解決することができるだろう。これは、フレーム問題と近いもので、自然言語とは異なって世界に足を降ろしていない（本質的に接続していない）人工言語なり人工記号なりを、いかにして、地に足がついた（接地した）ものにすることができるのかという問題である。これもフレーム問題と同じように、人間の知能を［ d ］しようとするアプローチでは、この問題は解決できないとフロリディはいう。いわゆる認知科学の研究プログラムでは解決できないであろうとさえいうだろう。そうではなく、コンピュータが取り扱うデータ——フロリディが定義したような意味でのデータ、そしてそれにより形成される情報——は、その物的有り様においてそれ固有の仕方で意味作用をおこなっているだけであり、それ以上でもそれ以下でもない。がゆえに、それが人間の知能（認知型データ処理といってもよい）とは異なるという主張でもって、機械情報は、自然言語にはなりえないという論運びをおこなうのは、[5]ミスリーディングである。コンピュータのデータ処理は意味作用の物的文脈が、人間のそれとは単に異なっているだけなのである。

他方、後者の方は、一九六〇年代後半にウォーレン・マカロックとウォルター・ピッツによって提起された、機械自体が課題解決に向けて学習していくという、脳神経反応を人工的に模倣したパーセプトロンという仕組みの研究開発プログラムである。計算主義型ＡＩモデルのように、アルゴリズムを設定していくという方向とは異なって、人間活動の実態のなかで実践されている個別具体的な課題に対して、その実態においてデータの検知をおこない、そのデータをもとにパーセプトロンが自ら学習しながらその課題の解決にあたっていくというモデルとなる。このアイディアはいったん勢いを減じるものの、パーセプトロンの多層化（これがゆえに「deep」というので、ときになされる「深層学習」という訳出はやや疑念が残るかもしれない）によって、与えられた課題に向けての解決のアウトプットの精度が格段に向上することがわかり、一気に息を吹き返したのが今日の状況である。近年、[2]その有効性が強く主張されているディープラーニング型ＡＩのことだ。

ここで注意しておくべきは、このディープラーニング型のＡＩモデルは、具体的な人間活動の一部を代替する仕方で情報処理が自動化されていくというフォーマットになっているという点である。人間知能をまるごと代替するかのような――『二〇〇一年宇宙の旅』におけるＨＡＬのようなといってもいいかもしれない――人工的な知能体が目指されているというわけではないということだ。まずもって前提として、人間によって課題解決がなされる具体的活動実践があらかじめ確定されていて、それを再産出することこそが企図されているということなのだ。フロリディが好んで用いる比喩をつかえば、皿洗いに関して、それをまるごと引き受けるロボット型ＡＩ――『スターウォーズ』に登場するＣ-３ＰＯのようなロボット――を開発し社会に実装させるようなことを歴史はおこなわなかったのだ。そうではなく、皿洗いと同じ活動実践を、けれども別種のセッティングで再産出する食洗機というマシンこそを考案し、社会に実装したのだ。現実的なＡＩはその理念において、Ｃ-３ＰＯ型ではなく、そうした食洗機開発の発想を採用すべきであろうというのがフロリディの考えである。

このことが指し示す哲学的な含意は大きい。いわゆる[3]フレーム問題（frame problem）と記号接地問題（symbol

フロリディは、ＡＩについてもまた、情報概念のデータ論的アプローチでもって見通しの良い議論を展開している。人間にとっては、いったいいま何が問題なのかを浮かび上がらせようとしているのである。

フロリディの論立てを振り返っておこう。コンピュータなどの情報機械は、原理的にいって、符号化された情報、つまりは、機械が取り扱うことのできる情報を、その機械の仕組みに沿って処理するという以上のものでも以下のものでもない。〈解釈されていないものとしてのデータ→機械処理可能な符号としての情報〉という捉え方は、そうした理解でのコンピュータの振る舞いについてかなりうまく適合しているのである。哲学的な用語で言い換えれば、計算機であるコンピュータ（「compute」の原義は「計算する」である）は、徹頭徹尾、[1]構文論（シンタックス）的であるだろう。わたしたち人間が生きる世界と、そうした情報が何らかの結びつきを持つことは、経験上の解釈の次元の話であるとするならば、別途考察すべき問題として一定程度留保しておくことができるのである。

ここから、ＡＩをめぐる論議に一定程度の指針を提示することができるとフロリディは考えている。ＡＩなるものについて、彼は、二つの相異なる種別をしている。簡単にいうならば、人間知能による実践のその一部を「再産出する（reproduce）」ものと、人間知能による実践そのものを「産出しよう（produce）」とするものである。フロリディによるならば、いま現在、成果を収めているのは前者であり、必ずしも後者ではない。そして、彼の情報概念の定義をふまえても、前者の方がより適合性が高いという評価があるようだ。どういうことか。

実際のＡＩ開発の設計モデルについても言及せざるをえないが、もう少し踏み込んでみておこう。人間知能を産出しようとするものは、概ね、記号計算主義的なＡＩモデルと呼ばれており、他方、人間知能を部分的に再産出しようとするものは、学習型コンピューティングと呼ばれるＡＩモデルにほぼ対応している。前者は、よく知られている通り、一九五六年のダートマス会議で提唱されたもので、符号化した記号を（ブール代数に沿った論理回路をもって）計算する計算機としてのコンピュータのあり方を踏まえ、その情報処理の仕組みを、人間の知能の情報処理にできるだけ近似させようと、アルゴリズムを精緻化していこうとするプロジェクトであるといっていいだろう。

# 国語

（六〇分）

一　次の文章は、著者が、イタリアの情報哲学者フロリディの情報存在論をアメリカの未来学者カーツワイルと比較しながら解説しているものの一部である。これを読んで、あとの問いに答えよ。

今日、人工知能（AI：Artificial Intelligence）をめぐっては多くの期待と不安が跋扈（ばっこ）しているだろう。それは、手間をかけ刊行されている文章ですら例外ではない。なかには、AIなるものの輪郭が不明瞭なものも少なくない。AIを成立せしめている、情報技術論上の定義や説明のことをいっているのでは必ずしもない。人工的な知能という言葉で何がいいあらわされようとしているのか、何が目指されているのか、どのような働きが目論まれて設計され、いかなる場に実装されようとしているのか、といったことについて、大雑把な論述がまま見受けられるのだ。そうして、人間的な知能活動が機械によって上手に代替されていくことになるという激しい［ａ］論、あるいはまた、そうした人間の知能が機械に取って代わられてしまうのではないかという激しい［ｂ］論が声高に謳（うた）われることになってさえいるだろう。カーツワイルなどは、その典型かもしれない。AIが人間を凌駕（りょうが）する知能へと成長する歴史的な時点を、「歴史的特異点（シンギュラリティ）」として特徴づけ、それが二〇四五年あたりであると予測し、耳目を集めているのだ。しかしながら、フロリディによれば、こうしたAIをめぐる不安ないし期待の多くは単にミスリーディングである。AIの今後の展開についてフロリディもまた危惧を感じているようなのだが、何に対してどのような危惧を感じているのかについては、たとえば、カーツワイルのそれとは似て非なるもののようなのだ。

## ■スポーツ科学部：一般選抜（共通テスト＋小論文方式）

# 問題編



### ▶試験科目・配点

| 試験区分 | 教　科 | 科　　　目 | 配　点 |
|---|---|---|---|
| 大学入学共通テスト | 外国語 | 英語 | 100 点 |
| | 数学または国語 | 「数学Ⅰ・数学Ａ」または国語 | 100 点 |
| 学部独自試験 | 小論文 | | 50 点 |

### ▶備　考

- 共通テストの英語はリーディング 100 点，リスニング 100 点の合計 200 点を 100 点に，国語は配点 200 点を 100 点に換算する。
- 共通テストの数学と国語を両方受験している場合は，得点の高い方の成績を大学側で自動的に抽出し，合否判定に利用する。
- 小論文の得点が基準点に満たない場合は，不合格となる。

# 小論文

（90 分）

以下の図は，スポーツに関するある割合を示したものである。この図が示しているものは何か。601 字以上 1000 字以内で論述しなさい。

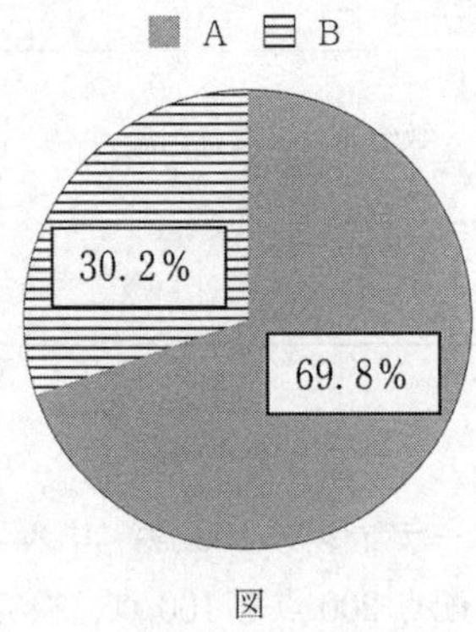


図

# 2025年版 大学赤本シリーズ

## 国公立大学 その他

- 171 〔国公立大〕医学部医学科 総合型選抜・学校推薦型選抜※ 医 総推
- 172 看護・医療系大学〈国公立 東日本〉※
- 173 看護・医療系大学〈国公立 中日本〉※
- 174 看護・医療系大学〈国公立 西日本〉※
- 175 海上保安大学校／気象大学校
- 176 航空保安大学校
- 177 国立看護大学校
- 178 防衛大学校 総推
- 179 防衛医科大学校(医学科) 医
- 180 防衛医科大学校(看護学科)

※No.171～174の収載大学は赤本ウェブサイト（http://akahon.net/）でご確認ください。

## 私立大学①

### 北海道の大学（50音順）

- 201 札幌大学
- 202 札幌学院大学
- 203 北星学園大学
- 204 北海学園大学
- 205 北海道医療大学
- 206 北海道科学大学
- 207 北海道武蔵女子大学・短期大学
- 208 酪農学園大学(獣医学群〈獣医学類〉)

### 東北の大学（50音順）

- 209 岩手医科大学(医・歯・薬学部) 医
- 210 仙台大学 総推
- 211 東北医科薬科大学(医・薬学部) 医
- 212 東北学院大学
- 213 東北工業大学
- 214 東北福祉大学
- 215 宮城学院女子大学 総推

### 関東の大学（50音順）

#### あ行（関東の大学）

- 216 青山学院大学(法・国際政治経済学部－個別学部日程)
- 217 青山学院大学(経済学部－個別学部日程)
- 218 青山学院大学(経営学部－個別学部日程)
- 219 青山学院大学(文・教育人間科学部－個別学部日程)
- 220 青山学院大学(総合文化政策・社会情報・地球社会共生・コミュニティ人間科学部－個別学部日程)
- 221 青山学院大学(理工学部－個別学部日程)
- 222 青山学院大学(全学部日程)
- 223 麻布大学(獣医、生命・環境科学部)
- 224 亜細亜大学
- 226 桜美林大学
- 227 大妻女子大学・短期大学部

#### か行（関東の大学）

- 228 学習院大学(法学部－コア試験)
- 229 学習院大学(経済学部－コア試験)
- 230 学習院大学(文学部－コア試験)
- 231 学習院大学(国際社会科学部－コア試験)
- 232 学習院大学(理学部－コア試験)
- 233 学習院女子大学
- 234 神奈川大学(給費生試験)
- 235 神奈川大学(一般入試)
- 236 神奈川工科大学
- 237 鎌倉女子大学・短期大学部
- 238 川村学園女子大学
- 239 神田外語大学
- 240 関東学院大学
- 241 北里大学(理学部)
- 242 北里大学(医学部) 医
- 243 北里大学(薬学部)
- 244 北里大学(看護・医療衛生学部)
- 245 北里大学(未来工・獣医・海洋生命科学部)
- 246 共立女子大学・短期大学
- 247 杏林大学(医学部) 医
- 248 杏林大学(保健学部)
- 249 群馬医療福祉大学・短期大学部
- 250 群馬パース大学 総推
- 251 慶應義塾大学(法学部)
- 252 慶應義塾大学(経済学部)
- 253 慶應義塾大学(商学部)
- 254 慶應義塾大学(文学部) 総推
- 255 慶應義塾大学(総合政策学部)
- 256 慶應義塾大学(環境情報学部)
- 257 慶應義塾大学(理工学部)
- 258 慶應義塾大学(医学部) 医
- 259 慶應義塾大学(薬学部)
- 260 慶應義塾大学(看護医療学部)
- 261 工学院大学
- 262 國學院大學
- 263 国際医療福祉大学 医
- 264 国際基督教大学
- 265 国士舘大学
- 266 駒澤大学(一般選抜T方式・S方式)
- 267 駒澤大学(全学部統一日程選抜)

#### さ行（関東の大学）

- 268 埼玉医科大学(医学部) 医
- 269 相模女子大学・短期大学部
- 270 産業能率大学
- 271 自治医科大学(医学部) 医
- 272 自治医科大学(看護学部)／東京慈恵会医科大学(医学部〈看護学科〉)
- 273 実践女子大学 総推
- 274 芝浦工業大学(前期日程)
- 275 芝浦工業大学(全学統一日程・後期日程)
- 276 十文字学園女子大学
- 277 淑徳大学
- 278 順天堂大学(医学部) 医
- 279 順天堂大学(スポーツ健康科・医療看護・保健看護・国際教養・保健医療・医療科・健康データサイエンス・薬学部) 総推
- 280 上智大学(神・文・総合人間科学部)
- 281 上智大学(法・経済学部)
- 282 上智大学(外国語・総合グローバル学部)
- 283 上智大学(理工学部)
- 284 上智大学(TEAPスコア利用方式)
- 285 湘南工科大学
- 286 昭和大学(医学部) 医
- 287 昭和大学(歯・薬・保健医療学部)
- 288 昭和女子大学
- 289 昭和薬科大学
- 290 女子栄養大学・短期大学部 総推
- 291 白百合女子大学
- 292 成蹊大学(法学部－A方式)
- 293 成蹊大学(経済・経営学部－A方式)
- 294 成蹊大学(文学部－A方式)
- 295 成蹊大学(理工学部－A方式)
- 296 成蹊大学(E方式・G方式・P方式)
- 297 成城大学(経済・社会イノベーション学部－A方式)
- 298 成城大学(文芸・法学部－A方式)
- 299 成城大学(S方式〈全学部統一選抜〉)
- 300 聖心女子大学
- 301 清泉女子大学
- 303 聖マリアンナ医科大学 医
- 304 聖路加国際大学(看護学部)
- 305 専修大学(スカラシップ・全国入試)
- 306 専修大学(前期入試〈学部個別入試〉)
- 307 専修大学(前期入試〈全学部入試・スカラシップ入試〉)

#### た行（関東の大学）

- 308 大正大学
- 309 大東文化大学
- 310 高崎健康福祉大学
- 311 拓殖大学
- 312 玉川大学
- 313 多摩美術大学
- 314 千葉工業大学
- 315 中央大学(法学部－学部別選抜)
- 316 中央大学(経済学部－学部別選抜)
- 317 中央大学(商学部－学部別選抜)
- 318 中央大学(文学部－学部別選抜)
- 319 中央大学(総合政策学部－学部別選抜)
- 320 中央大学(国際経営・国際情報学部－学部別選抜)
- 321 中央大学(理工学部－学部別選抜)
- 322 中央大学(5学部共通選抜)
- 323 中央学院大学
- 324 津田塾大学
- 325 帝京大学(薬・経済・法・文・外国語・教育・理工・医療技術・福岡医療技術学部)
- 326 帝京大学(医学部) 医
- 327 帝京科学大学 総推
- 328 帝京平成大学 総推
- 329 東海大学(医〈医〉学部を除く－一般選抜)
- 330 東海大学(文系・理系学部統一選抜)
- 331 東海大学(医学部〈医学科〉) 医
- 332 東京医科大学(医学部〈医学科〉) 医
- 333 東京家政大学・短期大学部 総推
- 334 東京経済大学
- 335 東京工科大学
- 336 東京工芸大学
- 337 東京国際大学
- 338 東京歯科大学
- 339 東京慈恵会医科大学(医学部〈医学科〉) 医
- 340 東京情報大学
- 341 東京女子大学
- 342 東京女子医科大学(医学部) 医
- 343 東京電機大学
- 344 東京都市大学
- 345 東京農業大学
- 346 東京薬科大学(薬学部) 総推
- 347 東京薬科大学(生命科学部) 総推
- 348 東京理科大学(理学部〈第一部〉－B方式)
- 349 東京理科大学(創域理工学部－B方式・S方式)
- 350 東京理科大学(工学部－B方式)
- 351 東京理科大学(先進工学部－B方式)
- 352 東京理科大学(薬学部－B方式)
- 353 東京理科大学(経営学部－B方式)
- 354 東京理科大学(C方式、グローバル方式、理学部〈第二部〉－B方式)
- 355 東邦大学(医学部) 医
- 356 東邦大学(薬学部)

# 2025年版　大学赤本シリーズ

## 私立大学②

357 東邦大学(理・看護・健康科学部)
358 東洋大学(文・経済・経営・法・社会・国際・国際観光学部)
359 東洋大学(情報連携・福祉社会デザイン・健康スポーツ科・理工・総合情報・生命科・食環境科学部)
360 東洋大学(英語〈3日程×3カ年〉)
361 東洋大学(国語〈3日程×3カ年〉)
362 東洋大学(日本史・世界史〈2日程×3カ年〉)
363 東洋英和女学院大学
364 常磐大学・短期大学 総推
365 獨協大学
366 獨協医科大学(医学部) 医

**な行(関東の大学)**

367 二松学舎大学
368 日本大学(法学部)
369 日本大学(経済学部)
370 日本大学(商学部)
371 日本大学(文理学部〈文系〉)
372 日本大学(文理学部〈理系〉)
373 日本大学(芸術学部〈専門試験併用型〉)
374 日本大学(国際関係学部)
375 日本大学(危機管理・スポーツ科学部)
376 日本大学(理工学部)
377 日本大学(生産工・工学部)
378 日本大学(生物資源科学部)
379 日本大学(医学部) 医
380 日本大学(歯・松戸歯学部)
381 日本大学(薬学部)
382 日本大学(N全学統一方式－医・芸術〈専門試験併用型〉学部を除く)
383 日本医科大学 医
384 日本工業大学
385 日本歯科大学
386 日本社会事業大学 総推
387 日本獣医生命科学大学
388 日本女子大学
389 日本体育大学

**は行(関東の大学)**

390 白鷗大学(学業特待選抜・一般選抜)
391 フェリス女学院大学
392 文教大学
393 法政大学(法〈Ⅰ日程〉・文〈Ⅱ日程〉・経営〈Ⅱ日程〉学部－A方式)
394 法政大学(法〈Ⅱ日程〉・国際文化・キャリアデザイン学部－A方式)
395 法政大学(文〈Ⅰ日程〉・経営〈Ⅰ日程〉・人間環境・グローバル教養学部－A方式)
396 法政大学(経済〈Ⅰ日程〉・社会〈Ⅰ日程〉・現代福祉学部－A方式)
397 法政大学(経済〈Ⅱ日程〉・社会〈Ⅱ日程〉・スポーツ健康学部－A方式)
398 法政大学(情報科・デザイン工・理工・生命科学部－A方式)
399 法政大学(T日程〈統一日程〉・英語外部試験利用入試)
400 星薬科大学 総推

**ま行(関東の大学)**

401 武蔵大学
402 武蔵野大学
403 武蔵野美術大学
404 明海大学
405 明治大学(法学部－学部別入試)
406 明治大学(政治経済学部－学部別入試)
407 明治大学(商学部－学部別入試)
408 明治大学(経営学部－学部別入試)
409 明治大学(文学部－学部別入試)
410 明治大学(国際日本学部－学部別入試)
411 明治大学(情報コミュニケーション学部－学部別入試)
412 明治大学(理工学部－学部別入試)
413 明治大学(総合数理学部－学部別入試)
414 明治大学(農学部－学部別入試)
415 明治大学(全学部統一入試)
416 明治学院大学(A日程)
417 明治学院大学(全学部日程)
418 明治薬科大学 総推
419 明星大学
420 目白大学・短期大学部

**ら・わ行(関東の大学)**

421 立教大学(文系学部－一般入試〈大学独自の英語を課さない日程〉)
422 立教大学(国語〈3日程×3カ年〉)
423 立教大学(日本史・世界史〈2日程×3カ年〉)
424 立教大学(文学部－一般入試〈大学独自の英語を課す日程〉)
425 立教大学(理学部－一般入試)
426 立正大学
427 早稲田大学(法学部)
428 早稲田大学(政治経済学部)
429 早稲田大学(商学部)
430 早稲田大学(社会科学部)
431 早稲田大学(文学部)
432 早稲田大学(文化構想学部)
433 早稲田大学(教育学部〈文科系〉)
434 早稲田大学(教育学部〈理科系〉)
435 早稲田大学(人間科・スポーツ科学部)
436 早稲田大学(国際教養学部)
437 早稲田大学(基幹理工・創造理工・先進理工学部)
438 和洋女子大学 総推

**中部の大学(50音順)**

439 愛知大学
440 愛知医科大学(医学部) 医
441 愛知学院大学・短期大学部
442 愛知工業大学 総推
443 愛知淑徳大学
444 朝日大学 総推
445 金沢医科大学(医学部) 医
446 金沢工業大学
447 岐阜聖徳学園大学 総推
448 金城学院大学
449 至学館大学 総推
450 静岡理工科大学
451 椙山女学園大学
452 大同大学
453 中京大学
454 中部大学
455 名古屋外国語大学 総推
456 名古屋学院大学 総推
457 名古屋学芸大学 総推
458 名古屋女子大学 総推
459 南山大学(外国語〈英米〉・法・総合政策・国際教養学部)
460 南山大学(人文・外国語〈英米を除く〉・経済・経営・理工学部)
461 新潟国際情報大学
462 日本福祉大学
463 福井工業大学
464 藤田医科大学(医学部) 医
465 藤田医科大学(医療科・保健衛生学部)
466 名城大学(法・経営・経済・外国語・人間・都市情報学部)
467 名城大学(情報工・理工・農・薬学部)
468 山梨学院大学

**近畿の大学(50音順)**

469 追手門学院大学 総推
470 大阪医科薬科大学(医学部) 医
471 大阪医科薬科大学(薬学部) 総推
472 大阪学院大学 総推
473 大阪経済大学 総推
474 大阪経済法科大学 総推
475 大阪工業大学 総推
476 大阪国際大学・短期大学部 総推
477 大阪産業大学 総推
478 大阪歯科大学(歯学部)
479 大阪商業大学 総推
480 大阪成蹊大学・短期大学 総推
481 大谷大学 総推
482 大手前大学・短期大学 総推
483 関西大学(文系)
484 関西大学(理系)
485 関西大学(英語〈3日程×3カ年〉)
486 関西大学(国語〈3日程×3カ年〉)
487 関西大学(日本史・世界史・文系数学〈3日程×3カ年〉)
488 関西医科大学(医学部) 医
489 関西医療大学 総推
490 関西外国語大学・短期大学部 総推
491 関西学院大学(文・法・商・人間福祉・総合政策学部－学部個別日程)
492 関西学院大学(神・社会・経済・国際・教育学部－学部個別日程)
493 関西学院大学(全学部日程〈文系型〉)
494 関西学院大学(全学部日程〈理系型〉)
495 関西学院大学(共通テスト併用日程〈数学〉・英数日程)
496 関西学院大学(英語〈3日程×3カ年〉) 新
497 関西学院大学(国語〈3日程×3カ年〉) 新
498 関西学院大学(日本史・世界史・文系数学〈3日程×3カ年〉) 新
499 畿央大学 総推
500 京都外国語大学・短期大学 総推
502 京都産業大学(公募推薦入試) 総推
503 京都産業大学(一般選抜入試〈前期日程〉)
504 京都女子大学 総推
505 京都先端科学大学 総推
506 京都橘大学 総推
507 京都ノートルダム女子大学 総推
508 京都薬科大学 総推
509 近畿大学・短期大学部(医学部を除く－推薦入試) 総推
510 近畿大学・短期大学部(医学部を除く－一般入試前期)
511 近畿大学(英語〈医学部を除く3日程×3カ年〉)
512 近畿大学(理系数学〈医学部を除く3日程×3カ年〉)
513 近畿大学(国語〈医学部を除く3日程×3カ年〉)
514 近畿大学(医学部－推薦入試・一般入試前期) 医 総推
515 近畿大学・短期大学部(一般入試後期) 医
516 皇學館大学 総推
517 甲南大学 総推
518 甲南女子大学(学校推薦型選抜) 新 総推
519 神戸学院大学 総推
520 神戸国際大学 総推
521 神戸女学院大学 総推
522 神戸女子大学・短期大学 総推
523 神戸薬科大学 総推
524 四天王寺大学・短期大学部 総推
525 摂南大学(公募制推薦入試) 総推
526 摂南大学(一般選抜前期日程)
527 帝塚山学院大学 総推
528 同志社大学(法、グローバル・コミュニケーション学部－学部個別日程)

## 共通テスト対策関連書籍

# 共通テスト対策も赤本で

### ① 過去問演習

**2025年版**

**共通テスト赤本シリーズ**

全12点

A5判／定価1,320円
(本体1,200円)

- 英国数には新課程対応オリジナル実戦模試 掲載！
- 公表された新課程試作問題はすべて掲載！
- くわしい対策講座で得点力UP
- 英語はリスニングを10回分掲載！赤本の音声サイトで本番さながらの対策！

- 英語 リーディング／リスニング DL
- 数学I, A／II, B, C
- 国語
- 歴史総合, 日本史探究
- 歴史総合, 世界史探究
- 地理総合, 地理探究
- 公共, 倫理
- 公共, 政治・経済
- 物理
- 化学
- 生物
- 物理基礎／化学基礎／生物基礎／地学基礎

DL 音声無料配信

### ② 自己分析

**赤本ノートシリーズ** 過去問演習の効果を最大化

▶共通テスト対策には

赤本ノート（共通テスト用）

赤本ルーズリーフ（共通テスト用）

共通テスト赤本シリーズ

新課程攻略問題集

全26点に対応!!

▶二次・私大対策には

赤本ノート（二次・私大用）

大学赤本シリーズ

全556点に対応!!

### ③ 重点対策

**共通テスト赤本プラス**

## 新課程攻略問題集

基礎固め&苦手克服のための分野別対策問題集!!
厳選された問題でかしこく対策

- 英語リーディング
- 英語リスニング DL
- 数学I, A
- 数学II, B, C
- 国語（現代文）
- 国語（古文, 漢文）
- 歴史総合, 日本史探究
- 歴史総合, 世界史探究
- 地理総合, 地理探究
- 公共, 政治・経済
- 物理
- 化学
- 生物
- 情報I

DL 音声無料配信

全14点 好評発売中！

A5判／定価1,320円（本体1,200円）

手軽なサイズの実戦的参考書

目からウロコのコツが満載！

直前期にも！

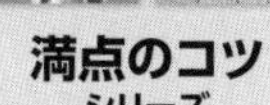

満点のコツシリーズ

赤本ポケット

大学赤本シリーズ

# 赤本 ウェブサイト

過去問の代名詞として、70年以上の伝統と実績。

**新刊案内・特集ページも充実！**
**受験生の「知りたい」に答える**

**akahon.netでチェック！**

**志望大学の赤本の刊行状況を確認できる！**

**「赤本取扱い書店検索」で赤本を置いている書店を見つけられる！**

## 赤本チャンネル & 赤本ブログ

### 赤本チャンネル

人気講師の大学別講座や
共通テスト対策など、
**受験に役立つ動画** を公開中！

YouTubeや
TikTokで受験対策！

YouTube

TikTok

### 赤本ブログ

受験のメンタルケア、合格者の声など、
**受験に役立つ記事** が充実。